토익
700⁺
필수보카

토익 700+ 필수 보카

지은이 넥서스 토익연구소
펴낸이 임상진
펴낸곳 (주)넥서스

초판 1쇄 발행 2010년 1월 5일
초판 2쇄 발행 2010년 1월 10일

3판 1쇄 발행 2022년 3월 30일
3판 3쇄 발행 2024년 8월 20일

출판신고 1992년 4월 3일 제311-2002-2호
10880 경기도 파주시 지목로 5
Tel (02)330-5500 Fax (02)330-5555

ISBN 979-11-6683-237-6 13740

www.nexusbook.com

토익 700+

VOCA

필수보카

넥서스 토익연구소 지음

넥서스

PREFACE

토익을 처음 시작하거나 기업체에서 근무하며 토익 점수를 따야 하는 사람들은 어떻게 해야 청취, 문법, 어휘, 독해 문제를 잘 풀어 고득점을 얻을 수 있을까를 한 번쯤은 고민해 봤을 것이다. 이 모든 영역에 있어서 관건은 시험에 자주 등장하는 빈출 어휘와 핵심 어휘를 얼마나 알고 있느냐 하는 것이다.

어휘 실력만 탄탄해도 청해 문제가 귀에 쏙쏙 들어오고, 문법 및 독해 문제도 술술 풀린다. 아는 어휘 몇 개만으로도 외국인과 대화가 된다든지 혹은 도무지 무슨 말을 하는지 알지 못했던 영어 뉴스에서 영어 단어를 한두 개 알아들었을 때의 그 기쁨은 경험한 사람만이 알 수 있는 희열일 것이다.

나는 청해도 되고 독해도 대충 되는데, 모르는 어휘가 많아서 정답 사이로 비켜 간다는 수험생들이 있다면 본 책으로 토익 혁명을 일으키자. 한 달 안에 100점씩 올리겠다는 각오로 매일 30개씩 듣고 외워 보자. 확실히 LC와 RC를 한꺼번에 UP시킬 수 있을 것이다.

본 책은 토익 어휘 전략서로 한 달 안에 100점은 거뜬히 올릴 수 있도록 10년 동안 출제되었던 최다 빈출 어휘와 함께 파생어, 동의어, 연어, 기출 표현, 그리고 토익 시험과 유사한 예문 등을 담아 놓았다.

영미 발음을 함께 들으면서 토익 핵심 어휘를 문맥 안에서 자연스럽게 암기할 수 있으며, 제공되는 영국식 발음과 비교하여 발음의 차이를 느낄 수 있다. 언제 어디서나 듣고, 보는 학습을 동시에 한다면 최단기간에 토익 만점을 향한 꿈은 이루어지리라 확신한다.

넥서스 토익연구소

FEATURES OF SERIES

1 목표 점수에 딱 필요한 단어만 외우는 점수대별 필수 보카
· 최근 10년간 기출 문제를 철저하게 분석하여, 빈출 어휘를 표제어와 주요
  파생어로 정리
· 실제 토익 시험에서 등장한 문장을 응용한 예문도 함께 수록

2 1주일에서 20일까지 자신의 스케줄에 맞춰 가볍게 끝내는 보카
시간이 없어 빨리 끝내고 싶으면 1주일 만에 집중해서, 시간을 갖고 꼼꼼
하게 보고 싶다면 20일 동안 천천히 끝낼 수 있는 경제적인 보카 암기

3 독학용 무료 학습 자료 (www.nexusbook.com)
· 표제어와 예문을 각각 미국식과 영국식 발음으로 2번 녹음하여 비교
  학습할 수 있도록 구성한 MP3
· 책에서 암기한 표제어를 완벽하게 마무리하는 추가 어휘 테스트
· 실제 시험보다 2배속으로 빠르게 들으며 어떠한 시험 환경에도 완벽
  대비하는 청취 훈련 파일
· Part 3 & Part 4 긴 문장 듣기도 알차게 대비하는 예문 받아쓰기

독학용 무료
학습 자료 4종
무료 제공 www.nexusbook.com

영·미 발음
MP3

어휘
테스트

2배속
청취 훈련

예문
받아쓰기

CONTENTS

서문 _4

시리즈 특징 _5

목차 _6

구성 및 특징 _8

Day 01 _12   Check-up _19

Day 02 _20   Check-up _27

Day 03 _28   Check-up _35

Day 04 _36   Check-up _43

Day 05 _44   Check-up _51

Review Test

Day 06 _56   Check-up _63

Day 07 _64   Check-up _71

Day 08 _72   Check-up _79

Day 09 _80   Check-up _87

Day 10 _88   Check-up _95

Review Test

토익 700⁺
필수보카

WEEK 3

Day 11 _100 Check-up _107
Day 12 _108 Check-up _115
Day 13 _116 Check-up _123
Day 14 _124 Check-up _131
Day 15 _132 Check-up _139

Review Test

WEEK 4

Day 16 _144 Check-up _151
Day 17 _152 Check-up _159
Day 18 _160 Check-up _167
Day 19 _168 Check-up _175
Day 20 _176 Check-up _183

Review Test

Answers _186
Appendix _188

STRUCTURE & FEATURES

표제어
토익 시험의 중요
빈출 어휘를 모아
Day별로 30개씩
학습할 수 있도록
하였다.

MP3
영·미 발음이 함께
녹음된 MP3를
들으면서 어휘를
암기할 수 있도록
구성하였다.

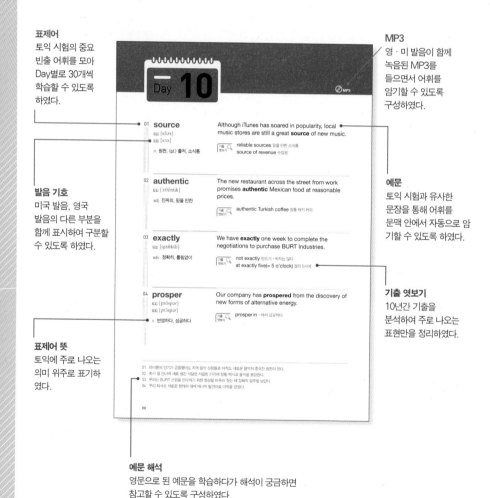

Day 10

🎧 MP3

01 **source**
[sɔʹɔrs]
[sɔʹɔs]
n. 원천, (pl.) 출처, 소식통

Although iTunes has soared in popularity, local
music stores are still a great **source** of new music.

기출 엿보기
reliable sources 믿을 만한 소식통
source of revenue 수입원

02 **authentic**
[ɔːθéntik]
adj. 진짜의, 믿을 만한

The new restaurant across the street from work
promises **authentic** Mexican food at reasonable
prices.

기출 엿보기
authentic Turkish coffee 정통 터키 커피

03 **exactly**
[igzǽktli]
adv. 정확히, 틀림없이

We have **exactly** one week to complete the
negotiations to purchase BURT Industries.

기출 엿보기
not exactly 반드시 ~하지는 않다
at exactly five(= 5 o'clock) 정각 5시에

04 **prosper**
[prάspər]
[prɔ́spə]
v. 번영하다, 성공하다

Our company has **prospered** from the discovery of
new forms of alternative energy.

기출 엿보기
prosper in ~에서 성공하다

01 아이폰의 인기가 급증했어도 지역 음악 상점들은 아직도 새로운 음악의 중요한 원천이 된다.
02 회사 길 건너에 새로 생긴 식당은 저렴한 가격에 정통 멕시코 음식을 보장한다.
03 우리는 BURT 산업을 인수하기 위한 협상을 마무리 짓는 데 정확히 일주일 남았다.
04 우리 회사는 새로운 형태의 대체 에너지 발견으로 이득을 얻었다.

88

발음 기호
미국 발음, 영국
발음의 다른 부분을
함께 표시하여 구분할
수 있도록 하였다.

예문
토익 시험과 유사한
문장을 통해 어휘를
문맥 안에서 자동으로 암
기할 수 있도록 하였다.

기출 엿보기
10년간 기출을
분석하여 주로 나오는
표현만을 정리하였다.

표제어 뜻
토익에 주로 나오는
의미 위주로 표기하
였다.

예문 해석
영문으로 된 예문을 학습하다가 해석이 궁금하면
참고할 수 있도록 구성하였다.

CHECK-UP

문제 미국인·영국인의 녹음을 듣고 문맥 안에 알맞은 단어를 채워 Day별로 확인할 수 있도록 구성하였다.

해석 문제를 먼저 풀어본 후 문맥 안에서 어휘의 의미를 재확인할 수 있도록 구성하였다.

REVIEW TEST

문제 토익 시험과 유사한 어휘 문제로 구성하여 1주의 학습이 끝나면 재확인할 수 있도록 구성하였다.

해석 문제를 먼저 풀어본 후 문맥 안에서 어휘의 의미를 재확인할 수 있도록 구성하였다.

APPENDIX

시험에 자주 등장하는 〈명사+명사〉, 〈형용사+명사〉 형태의 기출 표현들을 모아 시험 보기 직전에 마지막 점검을 할 수 있도록 구성하였다.

미국&영국 발음 듣기

독학용 무료 학습 자료 4종

무료 제공 www.nexusbook.com

영·미 발음 MP3

어휘 테스트

2배속 청취 훈련

예문 받아쓰기

토익 보카 공부하는 방법

토익
700+
필수보카

Week1

Week2

Week3

Week4

01 agreement

U.S. [əgríːmənt]

n. 일치, 합의

We signed an **agreement** with Reedman textile that will save us $2,300 per year.

 기출 엿보기

agreement with ~와의 합의
come to[reach] an agreement 합의에 도달하다

02 assure

U.S. [əʃúər]

v. 보장하다, 보증하다

The board of directors has **assured** us that employee bonuses will be paid out in December.

 기출 엿보기

assure A+that절 A에게 ~을 확신시키다
be assured of ~을 확신하다

03 favorably

U.S. [féivərəbli]

adv. 호의적으로, 순조롭게

The sales manager reacted **favorably** after I informed her that we exceeded last month's sales targets.

 기출 엿보기

be favorably received 호의적으로 받아들여지다
be favorably impressed with ~에게서 좋은 인상을 받다

04 address

U.S. [ədrés]

v. 연설을 하다, (문제를) 다루다
n. 주소, 인사말

The president of Bison Automotive will **address** the media at a press conference later today.

 기출 엿보기

address a problem 문제를 다루다
the opening address 개회사

---

01 우리는 연간 2천 3백 달러를 절감할 수 있는 Reedman 직물과의 계약에 서명했다.
02 이사회는 12월에 직원 상여금이 지급될 것이라고 확실히 말했다.
03 판매 관리자는 우리가 지난달 판매 목표를 초과 달성했다고 알려주자 호의적인 반응을 보였다.
04 Bison Automotive 사의 회장은 오늘 오후 기자 회견에서 언론에 발표를 할 것이다.

05 **capacity**

[U.S] [kəpǽsəti]

n. 수용력, 용적, 재능

According to the facility manager, our primary warehouse is currently full to **capacity**.

기출 엿보기
limited capacity 제한적 용량
filled to capacity 꽉 찬, 최대 한계 용량까지 찬

06 **authorized**

[U.S] [ɔ́:θəràizd]

adj. 인정받은, 권한을 부여받은

Altus is now one of only two **authorized** Micro-net computer resellers in the country.

기출 엿보기
be authorized to + 동사원형 ~할 권한이 있다
an authorized agent 지정 대리인

07 **clearly**

[U.S] [klíərli]

adv. 뚜렷하게, 명확히

The owner of WTD Lumber has **clearly** stated that he is unwilling to sell his company.

기출 엿보기
indicate clearly on the document 서류에 명시하다
be clearly specified in the contract
계약서에 분명히 나와 있다

08 **confirm**

[U.S] [kənfɔ́:rm]

v. 확인하다, 승인하다

I would like to **confirm** that the product order placed last week will arrive by Tuesday.

기출 엿보기
confirm a reservation 예약을 확인하다
confirm the receipt of notice 통지서를 확인하다

09 **cause**

[U.S] [kɔ:z]

n. 원인, 이유
v. 야기하다, 원인이 되다

Increasing our revenue by over 15% last month is **cause** for celebration.

기출 엿보기
cause A to + 동사원형 A로 하여금 ~하도록 하다
cause damage[problem] 피해[문제]를 일으키다

---

05 시설 관리자에 따르면, 우리의 제1창고가 현재 꽉 찬 상태라고 한다.
06 Altus는 이제 그 나라에서 유일하게 공인된 두 마이크로넷 컴퓨터 전매상 중의 하나이다.
07 WTD Lumber의 소유주는 자신의 회사를 팔 의향이 없다고 분명히 밝혔다.
08 지난주에 주문한 상품이 화요일까지 도착할지 확인하고 싶습니다.
09 지난달 수입이 15% 증가한 것이 축하하는 이유이다.

10 complimentary

U.S. [kɑ̀mpləméntəri]
U.K [kɔ̀mpləméntəri]

adj. 무료의, 칭찬의

Tomorrow's meeting at the Sleep Easy Hotel will include **complimentary** beverages, snacks, and sandwiches.

 complimentary breakfast 무료 아침 식사
complimentary shuttle service 무료 셔틀 운행 서비스

11 widely

U.S. [wáidli]

adv. 광범위하게, 널리

Frensen Ltd. has been **widely** criticized for ignoring federal regulations on pollution control.

 widely different opinions 크게 다른 견해
one of the most widely used 가장 폭 넓게 사용되는

12 delegation

U.S. [dèligéiʃən]

n. (집합적) 대표단, 위임

The president of IED Direct brought a **delegation** of outside auditors to inspect company records.

 trade delegation 무역 대표

13 conclusive

U.S. [kənklú:siv]

adj. 결정적인, 단호한

The IT department is working overtime to determine a **conclusive** reason for yesterday's system malfunction.

 conclusive proof 결정적 증거

14 extremely

U.S. [ikstrí:mli]

adv. 극단적으로, 몹시

Finding a career that involves helping people better themselves can be **extremely** rewarding.

 be extremely proud of ~에 대해 매우 자랑스러워하다
extremely successful[profitable, hazardous]
대단히 성공적인[수익성 있는, 유해한]

---

10 Sleep Easy Hotel에서 열리는 내일 회의에는 무료로 제공되는 음료, 스낵, 그리고 샌드위치가 포함된다.
11 Frensen 사는 오염 방지에 대한 연방 규정을 무시했다고 널리 비난받아왔다.
12 IED Direct의 사장은 회사 기록을 검사하기 위해 외부 감사 파견단을 데려왔다.
13 IT부서는 어제 발생한 시스템의 오작동에 대한 결정적인 이유를 알아내기 위해 야근을 하고 있다.
14 사람들이 처한 상황을 개선하는 데 도움을 주는 직업을 찾는 것은 엄청나게 보람 있는 일일 수 있다.

15 discontinue

[U.S.] [dìskəntínjuː]

v. 중단하다, 중지되다

The company has decided to **discontinue** manufacturing its line of wool hats because of poor sales.

 discontinue the product 생산을 중단하다
current and discontinued items 시판 중인 제품과 단종된 제품

16 employee

[U.S.] [implɔ́iiː]
[U.K.] [èmplɔiíː]

n. 피고용인, 종업원

Three new **employees** were hired to help the IT department keep up with their heavy workload.

 new employees 신입 사원
full-time employees 정규 직원
qualified employees 자격 요건을 갖춘 직원

17 dependent

[U.S.] [dipéndənt]

adj. 달려 있는, 의존적인

The success of this important project is **dependent** on the cooperation of every team member.

 dependent on ~에 달려 있는

18 estimate

[U.S.] [éstiməit]

n. 평가, 견적(서)
v. 견적을 내다, 추정하다

Please gather repair **estimates** from several different contractors to ensure that we get the best price.

 cost estimate 비용 견적서
estimate that절 ~라고 추정하다

---

15 판매 저조로 회사는 울 모자의 제조를 중단하기로 결정했다.
16 세 명의 신입 사원은 IT부서가 과도한 업무량을 따라잡는 데 도움을 주기 위해 고용되었다.
17 이 중요한 프로젝트의 성공은 모든 팀 구성원들 간의 협력에 달려 있다.
18 우리가 가장 좋은 가격을 받은 것인지 확실히 하기 위해 여러 다른 계약자들의 보수 견적서를 모아주세요.

19 enclosed

U.S. [enklóuz]

adj. 동봉된, 둘러싸인

Your identification card, employee policy handbook, and business cards are all **enclosed** in this package.

기출 엿보기
be enclosed with ~에 동봉되다
fill out the enclosed questionnaire
동봉된 설문지를 작성하다

20 run

U.S. [rʌn]

v. 경영하다

Mr. Newton, the new assistant manager, will be **running** the facility in Mr. Green's absence.

기출 엿보기
run[manage] a company 회사를 경영하다
run a business on one's account 자영으로 사업하다

21 failure

U.S. [féiljər]
U.K. [féiljə(r)]

n. 실패, 고장, 불이행

His **failure** to meet this month's revenue target was a major disappointment to the store manager.

기출 엿보기
power failure 정전
system failures 시스템 고장

22 recruit

U.S. [rikrú:t]

v. (신입 사원 등을) 모집하다
n. 신입 사원, 신 회원

The personnel department is hoping to **recruit** five new tech grads for the development team.

기출 엿보기
recruit a candidate 후보를 모집하다
fresh recruit 신입 사원

---

19 당신의 신분증, 직원 정책 안내서, 명함은 모두 이 패키지 안에 동봉되어 있습니다.
20 새로 온 Newton 대리가 Green 씨의 부재 중에 시설을 운영할 것이다.
21 이번 달 목표 수익을 달성하지 못한 것은 매장 매니저에게 매우 큰 실망감을 안겨주었다.
22 인사부는 개발팀에 다섯 명의 새로운 공대 졸업생을 모집하기를 기대하고 있다.

23 grant

[U.S.] [grænt]
[U.K.] [grɑːnt]

n. 보조금, 허가, 수여
v. 수여하다, 주다

Doctors can apply for federal **grants** to help fund new forms of medical research.

기출
엿보기

give[award] a grant 보조금을 주다
grant permission 허가해 주다
take for granted 당연하게 여기다

24 due

[U.S.] [dʲuː]

adj. 만기가 된, 지불기일이 된

Please ensure the accounting department is aware that we've received several invoices for payments that are **due**.

기출
엿보기

be due to ~하기로 되어 있다
the due date 지불 기한, 납부일, 마감일

25 screen

[U.S.] [skriːn]

v. 심사하다, 선발하다
n. 화면, 칸막이

Our company **screens** all of its potential employees by performing a criminal background check.

기출
엿보기

screen for ~을 가려내다, 판별하다
screen the candidates 후보들을 심사하다

26 leading

[U.S.] [líːdiŋ]

adj. 주요한, 선도하는, 일류의

Leaf One Corp. is a **leading** producer of paper in this region.

기출
엿보기

a leading provider 주요한 공급원
leading suppliers 최고의 공급 업체들

---

23 의사들은 새로운 의료 연구의 기금을 마련하는 데 도움이 되는 연방 보조금을 신청할 수 있다.
24 우리가 만기가 된 여러 지불 송장을 받았음을 회계부가 알고 있는지 확인하세요.
25 우리 회사는 전과 경력을 확인함으로써 잠재 직원들 모두를 심사한다.
26 Leaf One 사는 이 지역의 주요 종이 생산 기업이다.

27 refund

U.S. [ríːfʌnd]
U.K. [riːfʌ́nd]

n. 환불(금)
v. 환불하다

The customer requested a **refund** on the digital camera because the screen was defective.

 provide a refund 환불해 주다
receive a full refund 전액 환불을 받다

28 location

U.S. [loukéiʃən]

n. 장소, 위치

Speedy Car Rental will be opening up a brand new **location** on Main Street.

 find a location 위치를 찾다

29 face

U.S. [feis]

v. (문제 등에) 직면하다
n. 표면, 외관

If convicted of insider trading, former chief executive Cliff Mathers will **face** a harsh jail sentence.

 be faced with ~에 직면하다

30 divide

U.S. [diváid]

v. 나누다, 분류하다, 나누어지다
n. 분배, 나누기

To improve efficiency, the payroll manager **divided** her staff into three separate teams with specific tasks.

 divide A into B A를 B로 나누다
be divided into ~로 나뉘지다

---

27 그 고객은 화면에 결함이 있다며 디지털 카메라의 환불을 요청했다.
28 Speedy Car Rental은 Main 가의 새로운 위치에 문을 열 것이다.
29 만약 내부자 거래죄로 선고를 받는다면, 전 최고 경영자인 Cliff Mathers는 엄한 징역형에 직면하게 될 것이다.
30 효율성 증대를 위해 급여 관리자는 직원을 특정 업무에 따라 세 팀으로 분류했다.

Check-up

Listen and fill in the blanks with the correct words. ⊚MP3

01 The sales manager reacted _____ after I informed her that we exceeded last month's sales targets.

02 The president of Bison Automotive will _____ the media at a press conference later today.

03 According to the facility manager, our primary warehouse is currently full to _____ .

04 I would like to _____ that the product order placed last week will arrive by Tuesday.

05 Tomorrow's meeting at the Sleep Easy Hotel will include _____ beverages, snacks, and sandwiches.

06 The president of IED Direct brought a _____ of outside auditors to inspect company records.

07 Your identification card, employee policy handbook, and business cards are all _____ in this package.

08 His _____ to meet this month's revenue target was a major disappointment to the store manager.

09 Please ensure the accounting department is aware that we've received several invoices for payments that are _____ .

10 The customer requested a _____ on the digital camera because the screen was defective.

---

01 판매 관리자는 우리가 지난달 판매 목표를 초과 달성했다고 알려주자 호의적인 반응을 보였다. 02 Bison Automotive 사의 회장은 오늘 오후 기자 회견에서 언론에 발표를 할 것이다. 03 시설 관리자에 따르면, 우리의 제1창고가 현재 꽉 찬 상태라고 한다. 04 지난주에 주문한 상품이 화요일까지 도착할지 확인하고 싶습니다. 05 Sleep Easy Hotel에서 열리는 내일 회의에는 무료로 제공되는 음료, 스낵, 그리고 샌드위치가 포함된다. 06 IED Direct의 사장은 회사 기록을 감사하기 위해 외부 감사 파견단을 데려왔다. 07 당신의 신분증, 직원 정책 안내서, 명함은 모두 이 패키지 안에 동봉되어 있습니다. 08 이번 달 목표 수익을 달성하지 못한 것은 매장 매니저에게 매우 큰 실망감을 안겨주었다. 09 우리가 만기가 된 여러 지불 송장을 받았음을 회계부가 알고 있는지 확인하세요. 10 그 고객은 화면에 결함이 있다며 디지털 카메라의 환불을 요청했다.

Day 02

 MP3

01 applicant
U.S. [ǽplikənt]

n. 지원자, 신청자

The most suitable **applicant** for this position will have previous experience in the field of bioengineering.

 기출 엿보기
qualified applicants 자격을 갖춘 지원자
an applicant for a position 구직자

02 additional
U.S. [ədíʃənəl]

adj. 추가의, 부가적인

Any **additional** orders from the manufacturer must be approved by the board of directors.

 기출 엿보기
additional tax 부가세
per additional foot 추가 1피트 당

03 nearly
U.S. [níərli]

adv. 거의, 대략

Sereda Industries orders **nearly** 2,000 shipping boxes every month in order to export its merchandise.

 기출 엿보기
for nearly 5 years 거의 5년 동안
nearly 30 percent of budget surpluses
거의 30%에 달하는 예산 흑자

04 assign
U.S. [əsáin]

v. 배정하다, 할당하다

At the beginning of each work day, your manager will **assign** you a series of tasks.

 기출 엿보기
assign A B A에게 B를 할당하다
assign A to B A를 B자리에 임명하다, 보내다

---

01 이 직책에 적합한 지원자는 생물공학 분야에 경력이 있어야 할 것이다.
02 제조사의 어떠한 추가 주문도 이사회의 승인을 받아야만 한다.
03 Sereda 산업은 상품을 수출하기 위해 매달 거의 2천 개 정도의 화물 박스를 주문한다.
04 업무를 시작할 때마다 매니저가 당신에게 업무를 배정해 줄 것입니다.

05 charge
u.s. [tʃɑːrdʒ]

n. 요금, 청구 금액, 의무
v. 청구하다

The receipt shows that the total **charge** for the new office photocopier was $960.

 기출 엿보기   in charge of ~을 맡고 있는, 담당의
an additional charge 추가 요금

06 complicated
u.s. [kámpləkèitid]

adj. 복잡한, 이해하기 어려운

The office employees are upset because the newly installed operating system is extremely **complicated**.

 기출 엿보기   complicated process 복잡한 과정
complicated set of tax laws 복잡한 세법

07 closely
u.s. [klóusli]

adv. 밀접하게, 자세하게

We **closely** monitor our production costs to ensure that we can offer customers the best prices.

 기출 엿보기   be closely related[connected] to ~와 밀접하게 연관이 있다
cooperate closely with the government
정부와 긴밀히 협력하다

08 install
u.s. [instɔ́ːl]

v. 설치하다, 장치하다

The new central air conditioning unit will be **installed** in the office by next week.

기출 엿보기   install A for B B를 위해 A를 설치하다
have A installed A를 설치하다

---

05 새로 구입한 사무실용 복사기의 총 금액이 960달러라고 영수증에 나와 있다.
06 회사 직원들은 새로 설치된 운영 시스템이 너무 복잡해서 짜증이 났다.
07 우리는 고객들에게 최고의 가격을 제공할 수 있음을 확실히 하기 위해 생산 가격을 철저히 감시한다.
08 새로운 중앙 냉방 장치가 다음 주에 사무실에 설치될 것이다.

09 **compliance**

n. (명령 · 법규의) 준수

All employees must demonstrate full **compliance** when the company auditor arrives on Tuesday morning.

기출 엿보기
in compliance with ~을 준수하여
in full compliance with the regulations
규정을 완전히 준수하여

10 **considerable**

adj. 상당한

The board authorized a **considerable** increase in the IT department's budget during this morning's meeting.

기출 엿보기
considerable efforts 상당한 노력
with considerable regret 대단히 유감스럽게 생각하는

11 **officially**

adv. 공식적으로

Despite a flurry of last minute negotiations, Fulerton's bid to take over Cowel Industries is now **officially** dead.

기출 엿보기
be officially over 공식적으로 종료되다

12 **attain**

v. (목표를) 달성하다

It takes many years of dedication to **attain** an MBA in California.

기출 엿보기
the most effective way to attain~
~을 얻을 수 있는 가장 효과적인 방법

---

09 모든 직원들은 회사의 감사가 화요일 아침에 도착하면 (규정 등의) 완전한 준수를 입증해야 한다.
10 이사회는 오늘 아침 회의 중에 IT부서의 예산을 상당히 늘려줄 것을 승인했다.
11 분주한 막판 협상에도 불구하고 Cowel 산업을 인수하려는 Fulerton의 입찰은 이제 공식적으로 무효화되었다.
12 캘리포니아에서 MBA 학위를 받기 위해서는 수년 간의 노력이 필요하다.

13 **exclusive**
[U.S.] [iksklúsiv]

adj. 독점적인, 유일한

Tony Bennett sang at an **exclusive** concert celebrating the Cure for Diabetes fundraiser.

기출 엿보기
exclusive of ~은 제외하고
exclusive right 독점권

---

14 **highly**
[U.S.] [háili]

adv. 매우, 몹시

Nobody is more **highly** regarded in the field of biotech engineering than Dr. James Patelli.

기출 엿보기
highly qualified[competitive, profitable]
매우 자격 있는[경쟁력 있는, 수익성 있는]

---

15 **conduct**
[U.S.] [kəndʌ́kt]
[U.K] [kɔndʌ́kt]

v. (업무 등을) 수행하다, 처리하다
n. 행위

The police will **conduct** a full investigation into the fire which burned down the warehouse.

기출 엿보기
conduct interviews with candidates
지원자들과 면접을 시행하다
conduct a research[an investigation]
연구[조사]를 실시하다

---

16 **growth**
[U.S.] [grouθ]

n. 발전, 발달, 증대

Our survey indicates that environmentally friendly companies have experienced considerable **growth** over the past five years.

기출 엿보기
keep growth low 성장이 둔화하다
economic growth 경제 성장

---

17 **experienced**
[U.S.] [ikspíəriənst]

adj. 숙련된, 경험 있는

We hired Paul Laiter because he is an **experienced** computer technician.

기출 엿보기
highly qualified and experienced 고도의 자격과 경험을 갖춘

---

13 Tony Bennett은 당뇨병 치료 모금행사를 기념하는 단독 콘서트에서 노래를 했다.
14 생물 공학 분야에서 James Patelli 박사보다 더 높이 평가받는 사람은 없다.
15 경찰은 창고를 태워버린 화재에 대한 전면 조사를 실시할 것이다.
16 우리의 조사에서 환경 친화적인 회사들은 지난 5년 동안 상당한 성장을 이루었음을 알 수 있다.
17 우리는 Paul Laiter 씨가 경험 있는 컴퓨터 전문가라서 그를 고용했다.

18 fit
U.S. [fit]

v. (치수가 ~에) 꼭 맞다,
적합하다
adj. 적당한, 꼭 맞는

Mr. Robyn's expertise in software development makes him a perfect **fit** for our development team.

fit in ~에 꼭 맞다
fit one's needs ~의 필요에 맞추다

19 guarantee
U.S. [gæ̀rəntíː]

n. 보증(서), 담보(물)
v. 보장하다

We offer a 30-day money back **guarantee** if you are unsatisfied with your purchase.

guarantee of ~에 대한 보장, 확증
guarantee the earliest delivery 가장 빠른 배송을 보장하다

20 incidental
U.S. [ìnsədéntl]

adj. 부수적인, 결과적인
n. 부수적인 일, 사건

Please be sure to include all **incidental** expenses in your end of year financial report.

incidental details 부수적 세부 사항
incidental expenses 부수 비용, 부대 비용

21 exchange
U.S. [ikstʃéindʒ]

v. 교환하다, 바꾸다
n. 교환(물), 환전

I would like to **exchange** this digital camera that I recently purchased from your store.

in exchange for ~와 교환으로, ~대신으로
extreme fluctuations in the exchange rate
환율의 급격한 변동

---

18 소프트웨어 개발에 대한 Robyn 씨의 전문 지식은 그를 우리 개발팀에 아주 적합하게 한다.
19 구매에 불만족하신다면 30일 이내 환불 보증을 제공합니다.
20 연말 재정 보고서에 모든 부수적인 비용을 포함하는 것을 잊지 마세요.
21 이 상점에서 최근 구매한 디지털 카메라를 교환하고 싶은데요.

22 instruction

[U.S.] [instrʌ́kʃən]

n. (pl.) (제품 등의) 사용 설명서, 교육

The technical support team has left us detailed **instructions** on how to properly maintain our computer.

 give instructions 지시하다, 가르쳐 주다
step-by-step instructions 단계별 지시 사항

23 bankrupt

[U.S.] [bǽŋkrʌpt]
[U.K.] [bǽŋkrəpt]

adj. 지불 능력이 없는, 파산한

The struggling Internet company went **bankrupt** following a series of poor financial decisions.

go bankrupt 파산하다

24 postpone

[U.S.] [poustpóun]

v. 연기하다

We have decided to **postpone** the store's interior renovations until next month.

 postpone to[until] ~까지 연기하다
postpone[put off]+(동)명사 ~을 연기하다

25 poll

[U.S.] [poul]

n. 조사, 투표
v. 여론 조사를 하다, 표를 얻다

A recent **poll** suggests that Chinese companies are increasingly hiring bilingual employees.

according to the recent opinion poll
최근 여론 조사에 따르면

26 numerous

[U.S.] [njúːmərəs]

adj. 수많은, 셀 수 없이 많은

The warehouse inspector's original inventory report has **numerous** mistakes which must be corrected.

numerous benefits 수많은 혜택
numerous patent holders 수많은 특허권자들

---

22 기술 지원팀은 우리에게 컴퓨터를 제대로 유지하는 방법에 대한 상세한 지시 사항을 남겨두었다.
23 고군분투하던 인터넷 회사가 열악한 재정적 결정들에 뒤이어 파산했다.
24 우리는 가게의 인테리어 보수를 다음 달까지 연기하기로 결정했다.
25 최근 여론 조사에서 중국 기업들이 2개 국어를 사용하는 직원을 점점 더 고용하고 있음이 나타났다.
26 창고 조사관의 최초의 재고 관리 보고서에는 수정되어야 할 수많은 실수들이 있다.

27 reach
U.S. [riːtʃ]

v. 도착하다
(결론 · 합의 · 결과 등에)
도달하다

PLB Industries has **reached** an agreement to purchase a small manufacturing facility in Thailand.

 기출 엿보기
reach an agreement 합의에 이르다
reach (a) consensus on ~에 합의를 보다

28 means
U.S. [miːnz]

n. 방법, 수단

The board of directors is considering how to best increase the organization's **means** of production.

 기출 엿보기
means of ~에 대한 수단, 방법
by means of ~에 의하여, ~으로

29 opening
U.S. [óupəniŋ]

n. 공석, 결원

There are several new job **openings** available in the accounting and payroll departments.

 기출 엿보기
job opening 공석, 일자리

30 evaluation
U.S. [ivǽljuèiʃən]

n. 가치, (질에 대한) 평가

The restaurant critic gave Le Tomato an excellent **evaluation** because the food was prepared beautifully.

 기출 엿보기
evaluation form 평가 양식
an outstanding evaluation 우수한 평가

---

27 PLB 산업은 태국에 있는 작은 제조 설비를 구입하기로 합의에 도달했다.
28 이사회는 그 기관의 생산 수단을 최대로 증가시킬 수 있는 방법을 생각하고 있다.
29 회계부와 경리부에 새로운 공석이 여러 개 나와 있다.
30 그 음식점 비평가는 음식을 아름답게 담아냈기 때문에 Le Tomato에 좋은 평가를 내렸다.

Check-up ◀

🎧 Listen and fill in the blanks with the correct words. ⊙MP3

01 The most suitable _____ for this position will have previous experience in the field of bioengineering.

02 At the beginning of each work day, your manager will _____ you a series of tasks.

03 The receipt shows that the total _____ for the new office photocopier was $960.

04 The new central air conditioning unit will be _____ in the office by next week.

05 The Board authorized a _____ increase in the IT Department's budget during this morning's meeting.

06 It takes many years of dedication to _____ an MBA in California.

07 Nobody is more _____ regarded in the field of biotech engineering than Dr. James Patelli.

08 We hired Paul Laiter because he is an _____ computer technician.

09 Please be sure to include all _____ expenses in your end of year financial report.

10 The struggling internet company went _____ following a series of poor financial decisions.

01 이 직책에 적합한 지원자는 생물공학 분야에 경력이 있어야 할 것입니다. 02 업무를 시작할 때마다 매니저가 당신에게 업무를 배정해 줄 것입니다. 03 새로 구입한 사무실용 복사기의 총 금액이 960달러라고 영수증에 나와 있다. 04 새로운 중앙 냉방 장치가 다음 주에 사무실에 설치될 것이다. 05 이사회는 오늘 아침 회의 중에 IT부서의 예산을 상당히 늘려줄 것을 승인했다. 06 캘리포니아에서 MBA 학위를 받기 위해서는 수년 간의 노력이 필요하다. 07 생물 공학 분야에서 James Patelli 박사보다 더 높이 평가받는 사람은 없다. 08 우리는 Paul Laiter가 경험 있는 컴퓨터 전문가라서 그를 고용했다. 09 연말 재정 보고서에 모든 부수적인 비용을 포함하는 것을 잊지 마세요. 10 고군분투하던 인터넷 회사가 열악한 재정적 결정들에 뒤이어 파산했다.

Day 02 27

01 **approach**
[U.S.] [əpróutʃ]

n. 접근(법)
v. 다가가다, 접근하다

The marketing manager wants to have a meeting to discuss a new advertising **approach**.

기출 엿보기
approach to ~로의 접근
approach a destination 목적지에 다다르다

02 **expire**
[U.S.] [ikspáiər]

v. 만기가 되다, 끝나다

We are negotiating a new property lease for the factory because the old lease has **expired**.

기출 엿보기
an expired card 만기된 카드

03 **briefly**
[U.S.] [brí:fli]

adv. 잠깐, 간결하게

Satellite service was **briefly** interrupted last night because of a violent thunder storm.

기출 엿보기
state briefly 간단히 말해서
be briefly unavailable 일시적으로 ~이 없는

04 **affect**
[U.S.] [əfékt]

v. (사람 · 사물 · 환경 · 결과 등에) 영향을 주다

The proposed interest rate hike will negatively **affect** the real estate market.

기출 엿보기
factors affecting our product price
우리 제품 가격에 영향을 미치는 요소들
continue to adversely affect consumer satisfaction
소비자 만족에 지속적인 악영향을 미치다

---

01 마케팅 매니저는 광고와 관련한 새로운 접근을 논의하기 위한 회의를 하고 싶어 한다.
02 우리는 임대 계약이 만료되어 공장 용도의 부동산 임대 계약을 새로이 협상 중이다.
03 위성 서비스는 거센 뇌우 때문에 어젯밤 잠깐 중단되었다.
04 제안된 금리 인상은 부동산 시장에 부정적인 영향을 끼칠 것이다.

05 contribution

[U.S.] [kÀntrəbjúːʃən]
[U.K.] [kɔ̀ntrəbjúːʃən]

n. 기여, 공헌

Everybody's **contribution** to the Pinske project helped to make it a great success.

contribution to ~에 대한 기고, 투고
make contribution to ~에 기여하다

06 available

[U.S.] [əvéiləbəl]

adj. (사물이) 이용 가능한,
(사람이) 시간이 있는

The National Transportation Safety Board's website states that there are currently no job openings **available**.

readily available 바로 이용 가능한
be available to[for] ~에 이용 가능한

07 consistently

[U.S.] [kənsístəntli]

adv. 항상, 일관되게

The product development team **consistently** impresses the board of directors with their innovative ideas.

consistently pursue progress 지속적으로 개선을 추진하다
consistently provide service 서비스를 지속적으로 제공하다

08 cite

[U.S.] [sait]

v. 언급하다, 인용하다

Amy's supervisor **cited** absenteeism and tardiness as the reasons why she terminated Amy's employment.

cite A as B A를 B라고 언급하다

09 assembly

[U.S.] [əsémbli]

n. 조립품, 모임, 집회

The automated **assembly** line is easy to maintain and has helped increase production by 28%.

assembly plant 조립 공장

---

05 Pinske 프로젝트에 모두가 기여한 덕분에 큰 성공을 거둘 수 있었다.
06 국가교통안전위원회의 웹사이트에는 현재 가능한 일자리가 없다고 나와 있다.
07 상품 개발팀은 혁신적인 아이디어들로 이사회에 계속해서 좋은 인상을 준다.
08 Amy의 상사는 그녀의 고용 계약을 종료한 이유로서 장기 결근과 태만을 언급했다.
09 자동 조립 라인은 관리하기 쉬우며 생산량을 28% 증가시키는 데 도움이 되었다.

10 belongings

U.S. [bilɔ́:ŋiŋz]
U.K [bíloŋiŋz]

n. 소지품, 소유물

Please ensure that any personal **belongings** that you bring to the office are secured safely.

기출 엿보기 personal belongings 개인 소지품
carry the belongings 소지품을 운반하다

11 effectively

U.S. [iféktivli]

adv. 효과적으로

In order to **effectively** promote our line of women's clothing, we created a new advertising campaign.

기출 엿보기 run effectively 효과적으로 작동하다

12 delay

U.S. [diléi]

n. 지연, 연기
v. 연기하다, 뒤로 미루다, 지체하다

The research and development team isn't expecting any **delays** that would interfere with the test.

기출 엿보기 delay in ~의 지체, 연기
apologize for the delay 지연되는 점에 대해 사과하다
delay processing orders 주문 처리를 지연시키다

13 conference

U.S. [kánfərəns]
U.K [kɔ́nfərəns]

n. 회의, 회담

The organization's **conference** will be held at the Radison Hotel on Market Street.

기출 엿보기 press conference 기자 간담회
annual sales conference 연례 영업 총회

---

10 사무실로 가져오는 모든 개인 소지품이 안전하게 보관되도록 하세요.
11 여성복을 효과적으로 홍보하기 위해 우리는 새로운 광고 캠페인을 만들었다.
12 연구 개발팀은 그 검사에 지장을 줄 만한 어떠한 지연도 없을 것으로 예상한다.
13 그 기관의 회의가 Market 가에 있는 Radison 호텔에서 열릴 것이다.

14 **elevate**

U.S. [élэvèit]

v. 올리다, 상승시키다

We guarantee that our small business software will allow your company to **elevate** its productivity.

기출 엿보기 be elevated for repairs 수리를 위해 들어 올려지다

---

15 **cuisine**

U.S. [kwizíːn]

n. 요리(법)

On Tuesday, we held a business luncheon at a wonderful restaurant which serves French **cuisine**.

기출 엿보기 airline cuisine 기내식
authentic Shanghai cuisine 상하이 정통 요리

---

16 **determined**

U.S. [ditэ́ːrmind]

adj. 결연한, 단호한
v. 결심하다, 결정하다

The **determined** analyst worked throughout the night to find a solution to the company's financial problems.

기출 엿보기 be determined by ~에 의해 결정되다
be determined to + 동사원형 ~할 것을 굳게 결심하다

---

17 **fulfill**

U.S. [fulfíl]

v. 달성하다, 만족시키다

Maria tried her best to **fulfill** Robert's duties while he was on vacation.

기출 엿보기 fulfill the goals 목표를 달성하다

---

14 저희는 당사의 소규모 비즈니스 소프트웨어가 귀사의 생산성을 향상시킬 수 있다고 보증합니다.
15 화요일에 우리는 프랑스 요리를 제공하는 멋진 식당에서 비즈니스 오찬을 열었다.
16 결연한 분석가는 회사의 재정적 문제에 대한 해결책을 찾기 위해 밤새 일했다.
17 Maria는 Robert의 휴가 동안 그의 임무를 완수하기 위해 최선을 다했다.

18 depression

[U.S.] [dipréʃən]

n. 불경기

A prolonged economic **depression** can be a devastating experience for any nation to deal with.

 economic depression 경기 침체
during the Great Depression 세계 대공황 당시

19 illustrated

[U.S.] [íləstrèitid]

adj. 삽화[사진, 도해]를 넣은

The new, **illustrated** safety manual should be distributed to all of our employees by next Thursday.

 the alternative route illustrated on the map
지도에 표시된 우회로

20 produce

[U.S.] [prədjúːs]

v. 생산하다, 제조하다
n. 농산물

Our production team can **produce** stunning graphics and colorful advertisements to sell any product.

 produce innovative products 혁신적인 제품을 생산하다
the freshness of the produce 농산물의 신선함

21 effect

[U.S.] [ifékt]

n. 효과, 영향, (법률 등의) 효력
v. 가져오다

The week long company retreat has had a very positive **effect** on the staff's morale.

have an effect on ~에 영향을 미치다
come[go] into effect 실시되다, 발효되다

---

18 장기화된 경기 침체는 어떠한 국가도 감당하기 어려운 무서운 경험이 될 수 있다.
19 삽화가 들어간 신규 안전 지침서가 다음 주 목요일까지 전 직원에게 배부될 것이다.
20 우리 제작팀은 어떠한 상품도 팔 수 있는 멋진 그래픽과 다채로운 광고를 만들어 낼 수 있다.
21 일주일 간의 회사 연수는 직원 사기에 매우 긍정적인 영향을 주었다.

22 **reduce**
U.S. [ridʒúːs]

v. 줄이다, 삭감하다, 취소되다

Studies show that using our company's motor oil will help **reduce** engine corrosion by 35%.

기출 엿보기 reduce cost[deficit] rates 비용[부채] 비율을 줄이다

23 **gathering**
U.S. [gǽðəriŋ]

n. 모임, 집회, 수집

A **gathering** of industry officials will take place on Monday at the Cavelier Hotel.

기출 엿보기 a recipe for small gathering 소규모 모임을 위한 조리법
gatherings coordinated by A A에 의해 마련된 모임

24 **principal**
U.S. [prínsəpəl]

adj. 주요한
n. 교장, 학장, 구매자

The **principal** reason our company is successful is that we aren't afraid to take risks.

기출 엿보기 principal areas of work 주요 업무 분야

25 **simplify**
U.S. [símpləfài]

v. 단순하게 하다, 간소화하다

The operations manual has been **simplified** to help customers use the product more easily.

기출 엿보기 simplify the process 절차를 간소화하다
simplify our sales events 판매 이벤트를 단순화하다

26 **majority**
U.S. [mədʒɔ́(ː)rəti]

n. 대부분, 대다수

I've met the **majority** of my business connections through various conferences that I've attended.

기출 엿보기 an absolute majority 절대 다수
the majority of people 대다수의 사람들

22 연구에서 우리 회사의 모터 오일을 사용하면 엔진 부식을 35% 정도 줄이는 데 도움이 된다고 나타난다.
23 업계 종사자들의 모임이 월요일 Cavelier 호텔에서 열릴 것이다.
24 우리 회사가 성공한 주요한 이유는 위험 감수를 두려워하지 않는다는 것이다.
25 작동 설명서는 고객들이 상품을 더 쉽게 사용할 수 있도록 하기 위해 단순화되었다.
26 나는 참석해 왔던 다양한 회의들을 통해 많은 사업 관계자들을 만났다.

27 opposition

U.S. [àpəzíʃən]
U.K. [ɔ́pəzíʃən]

n. 반대, 대항

Opposition to the wage freeze at HCUT industries has escalated into a general strike.

 기출 엿보기
in opposition to ~에 반대하여
meet (with) opposition 저항을 받다

28 capable

U.S. [kéipəbəl]

adj. 유능한, 가능한

We have found Mr. Gardini to be a **capable** supervisor in the shipping department.

 기출 엿보기
be capable of ~할 능력이 있다

29 accordingly

U.S. [əkɔ́ːrdiŋli]

adv. 그에 따라, 적절히

The department responsible for invoicing will respond **accordingly** when it receives the requested documentation.

 기출 엿보기
mark the samples accordingly
견본품을 그에 따라 표시하다

30 missing

U.S. [mísiŋ]

adj. 사라진, 행방 불명의

The auditor noted that several invoices appear to be **missing** from the folder.

 기출 엿보기
missing luggage 분실한 짐

---

27 HCUT 산업의 임금 동결 반대는 총파업으로 확대되었다.
28 우리는 Gardini 씨가 운송부의 유능한 관리자임을 알게 되었다.
29 송장 담당 부서가 요청 서류를 받으면 그에 맞게 처리할 것입니다.
30 감사는 여러 송장이 폴더에서 빠진 것 같다고 말했다.

Check-up ◀

🎧 Listen and fill in the blanks with the correct words. ⊚MP3

01 We are negotiating a new property lease for the factory because the old lease has _____.

02 The proposed interest rate hike will negatively _____ the real estate market.

03 The product development team _____ impresses the Board of Directors with their innovative ideas.

04 We have found Mr. Gardini to be a _____ supervisor in the shipping department.

05 We guarantee that our small business software will allow your company to _____ its productivity.

06 Maria tried her best to _____ Robert's duties while he was on vacation.

07 The week long company retreat has had a very positive _____ on the staff's morale.

08 The _____ reason our company is successful is that we aren't afraid to take risks.

09 The operations manual has been _____ to help customers use the product more easily.

10 _____ to the wage freeze at HCUT industries has escalated into a general strike.

---

01 우리는 임대 계약이 만료되어 공장 용도의 부동산 임대 계약을 새로이 협상 중이다. 02 제안된 금리 인상은 부동산 시장에 부정적인 영향을 끼칠 것이다. 03 상품 개발팀은 혁신적인 아이디어들로 이사회에 계속해서 좋은 인상을 준다. 04 우리는 Gardini 씨가 운송부의 유능한 관리자임을 알게 되었다. 05 저희는 당사의 소규모 비즈니스 소프트웨어가 귀사의 생산성을 향상시킬 수 있다고 보증합니다. 06 Maria는 Robert의 휴가 동안 그의 임무를 완수하기 위해 최선을 다했다. 07 일주일 간의 회사 연수는 직원 사기에 매우 긍정적인 영향을 주었다. 08 우리 회사가 성공한 주요한 이유는 위험 감수를 두려워하지 않는다는 것이다. 09 작동 설명서는 고객들이 상품을 더 쉽게 사용할 수 있도록 하기 위해 단순화되었다. 10 HCUT 산업의 임금 동결 반대는 총파업으로 확대되었다.

🎧 MP3

01 achievement
U.S. [ətʃíːvmənt]

n. 성취, 달성

Opening our third store in under a year was a huge **achievement** for our company.

 a lifetime achievement award 평생 공로상
outstanding achievement in science
괄목할 만한 과학적 성과

02 benefit
U.S. [bénəfit]

n. 혜택, 이익
v. 혜택을 보다, 이익을 얻다

The main **benefit** of switching to Wilson's Telecommunications is that they offer more high definition channels.

 benefits package 복리 후생 제도
benefit from ~로부터 혜택을 보다

03 conveniently
U.S. [kənvíːnjəntli]

adv. 편리하게, 가깝게

We have opened a new store that is **conveniently** located right beside Union subway station.

 be conveniently close to ~에서 편리하게 가까운
be conveniently placed[situated, located in]
~에 편리한 위치에 있다

04 commute
U.S. [kəmjúːt]

n. 통근, 통학
v. 통근하다, 통학하다

Ms. Saunders often complains about the long **commute** from her home to the office.

 a daily commute 매일의 출퇴근
commute to[from, between]
~로의[~로부터의, ~사이의] 통근

---

01 1년 내에 세 번째 상점을 연 것은 우리 회사로서는 대단한 성과였다.
02 Wilson 통신사로 바꾸는 것의 가장 큰 장점은 좀 더 고화질 채널을 제공한다는 것이다.
03 우리는 Union 지하철 역 바로 근처에 새로운 상점을 열었다.
04 Saunders 씨는 집에서 사무실까지 장시간의 통근에 대해 종종 불평한다.

05 arrival

U.S. [əráivəl]

n. 도착, 도달
adj. 도착의

The **arrival** of the consultant has allowed us to keep the project on schedule.

 기출 엿보기
on arrival 도착하자마자 즉시
an arrival contract[sale] 선물(先物) 계약[매매]

06 competitive

U.S. [kəmpétətiv]

adj. 대적하는, 경쟁의

In order to remain **competitive** with international corporations, we must outsource several thousand jobs.

 기출 엿보기
at competitive prices 저렴한 가격으로
competitive marketing campaigns 경쟁력 있는 마케팅 활동

07 currently

U.S. [kə́:rəntli]

adv. 현재, 일반적으로

Many hospitals are **currently** facing difficulties operating because of the shortage of qualified nurses.

 기출 엿보기
currently out of stock 현재 재고가 없는
be currently on schedule 지금 일정대로 진행 중이다

08 delivery

U.S. [dilívəri]

n. 배달

The shipping department is expecting the **delivery** of windows to arrive later today.

 기출 엿보기
free delivery 무료 배달
urgent delivery 긴급 배달
options for delivery 배달 옵션

05 컨설턴트가 도착하여 우리는 프로젝트를 예정대로 진행할 수 있었다.
06 국제적인 회사들과 대적하기 위해서 우리는 수천 가지 업무를 외주 조달해야 한다.
07 많은 병원들이 현재 자질 있는 간호사의 부족으로 운영에 어려움을 겪고 있다.
08 운송부는 오늘 늦게 창문이 배달될 것이라고 예상하고 있다.

09 collection

U.S. [kəlékʃən]

n. 수집(물), 소장(품), 징수

Mr. Richard James has donated a large **collection** of artwork to the British Museum.

 기출 엿보기
art collection 미술 소장품
sales and collections 판매와 수금

10 demanding

U.S. [dimǽndiŋ]

adj. 요구가 많은, 까다로운

Being a physician is an extremely **demanding** job that requires rigorous, thorough training.

 기출 엿보기
physically demanding 육체적으로 힘든

11 necessarily

U.S. [nèsəsérəli]

adv. 반드시

Posting the job opening on employment websites will not **necessarily** attract qualified candidates.

 기출 엿보기
It necessarily follows that~ 당연히 ~하게 되다

12 enable

U.S. [enéibəl]

v. ~할 수 있게 하다

Advanced software **enables** the Logistics Department to track product shipments around the world.

 기출 엿보기
enable A to + 동사원형 A가 ~할 수 있게 하다
enable consumers to identify~
소비자가 ~을 확인할 수 있게 하다

13 confidence

U.S. [kánfidəns]
U.K. [kɔ́nfidəns]

n. 확신, 신임, 비밀

Economists have **confidence** that the housing market will be fully recovered by next year.

 기출 엿보기
in confidence 비밀로
confidence in ~에 대한 확신, 신임

---

09 Richard James 씨는 대영 박물관에 많은 소장 미술품을 기증했다.
10 내과 의사가 되는 것은 엄격하고 철저한 훈련을 요하는 무척 힘든 일이다.
11 고용 웹사이트에 일자리를 올린다고 해서 자질이 있는 지원자들을 반드시 끌어 모을 수 있는 것은 아니다.
12 첨단 소프트웨어는 물류부가 세계의 상품 출하를 추적하는 것을 가능하게 해준다.
13 경제학자들은 주택 시장이 내년쯤 완전히 회복될 것이라는 확신을 갖고 있다.

14 hardly
U.S. [háːrdli]

adv. 거의 ~하지 않다

The new electric bicycles that are manufactured by Rider Cycle **hardly** require any maintenance.

기출 엿보기   hardly ever 좀처럼 ~하지 않다

15 instruct
U.S. [instrʌ́kt]

v. 가르치다, 지시하다

Sharon will **instruct** our new employees on how to navigate our company's database and operating software.

기출 엿보기   instruct A to + 동사원형 A에게 ~하라고 지시하다
be instructed to report all new orders
새로 들어온 주문을 전부 보고하도록 지시받다

16 description
U.S. [diskrípʃən]

n. 설명, 묘사

A detailed job **description** can be found in the careers section of the company website.

기출 엿보기   job description 업무 설명
defy description 이루 말로 할 수 없다
detailed description 상세한 묘사
give a description of ~에 대해 설명하다, 묘사하다

17 incorrect
U.S. [ìnkərékt]

adj. 부정확한

Two months into the project, the construction team realized their initial timetable for completion was **incorrect**.

기출 엿보기   an incorrect statement 부정확한 진술
be incorrect for many items 많은 품목이 잘못되다

---

14 Rider Cycle이 제조한 새로운 전기 자전거는 관리가 거의 필요 없다.
15 Sharon은 우리 회사의 데이터베이스와 운영 소프트웨어를 다루기 위한 방법에 대해 신입 사원에게 교육을 실시할 것이다.
16 자세한 직무 설명은 회사 웹사이트의 구인란에 나와 있다.
17 프로젝트 시작 두 달 후에 건설팀은 초기 완공 일정이 잘못되었다는 것을 깨달았다.

18 launch

U.S. [lɔːntʃ]

v. (신제품을) 출시하다
n. 출시

International Styles is proud to **launch** its new line of winter clothing.

 기출 엿보기
launch the book sale 책 판매를 시작하다
decide to launch a new campaign
새로운 캠페인을 시작하기로 결정하다

19 excess

U.S. [iksés]

n. 초과(량)

All **excess** material should be stored securely in the warehouse until we can find a buyer.

 기출 엿보기
in excess of ~을 초과하여

20 lasting

U.S. [læstiŋ]
U.K. [láːstiŋ]

adj. 오래 지속되는

Jim Riche's noble business principles have made a **lasting** impact on the company's image.

 기출 엿보기
a lasting impact 오래 가는 충격
prefer a long-lasting product
오랫동안 쓸 수 있는 제품을 선호하다

21 reveal

U.S. [rivíːl]

v. 밝히다, 누설하다

The sales representative **revealed** that she would be resigning from Princess Automotive in two weeks.

 기출 엿보기
reveal that절 ~라는 사실을 밝히다

22 expert

U.S. [ékspəːrt]

n. 전문가, 숙련가
adj. 숙련된

One industry **expert** wants the government to stiffen fines for companies caught dumping their waste illegally.

 기출 엿보기
a financial expert 경제 전문가
an expert surgeon 숙련된 외과 의사

---

18 International Styles는 겨울 신상 의류를 출시하게 되어 기쁩니다.
19 모든 초과 재료는 구매자를 찾을 때까지 창고에 안전하게 보관될 것이다.
20 Jim Riche의 고귀한 사업 원칙은 회사 이미지에 지속적인 영향력을 발휘해 왔다.
21 그 영업 사원은 2주 후에 Princess Automotive를 그만둘 것이라고 밝혔다.
22 한 산업 전문가는 정부가 폐기물을 불법으로 처리하여 적발된 회사들에게 벌금을 강화하기를 원한다.

23 normal
[U.S.] [nɔ́:rməl]

adj. 표준의
n. 표준, 정상

Outsourcing services have become a **normal** way for businesses to lower their production costs.

 above[below] normal 평균 이상[이하]
normal working hours 정규 근무 시간

---

24 succeed
[U.S.] [səksíːd]

v. 계승하다, 후임이 되다, 성공하다

Matthew Morgan will **succeed** Jonathon Hill as the manager of the Human Resources Department.

 succeed in business 사업에 성공하다

---

25 measure
[U.S.] [méʒər]

n. (pl.) 조치, 수단, 방도

Golder Mining has instituted new safety **measures** to reduce cave-ins at their mining sites.

 take measures 조치를 취하다
preventive measures 예방 조치

---

26 profitable
[U.S.] [práfitəbəl]

adj. 이익이 되는, 유익한

Our company's expansion into Brazil has turned out to be a **profitable** endeavor.

a profitable business 수익성 있는 사업
a highly profitable development project
엄청난 수익을 내는 개발 프로젝트

---

23 아웃소싱 서비스는 기업들이 생산비를 낮추는 일반적인 방법이 되었다.
24 Matthew Morgan이 Jonathon Hill의 뒤를 이어 인사부 책임자가 될 것이다.
25 Golder Mining은 광산에서의 붕괴를 줄이기 위한 새로운 안전 조치들을 마련했다.
26 우리 회사의 브라질 진출은 수익성 있는 노력임이 입증되었다.

27 import

U.S. [impɔ́ːrt]

v. 수입하다
n. 수입

China has been **importing** energy resources from foreign suppliers in Africa and South America this past year.

 기출 엿보기 import duty 수입 관세

---

28 opportunity

U.S. [ὰpərtʃúːnəti]

n. 기회, 호기

You will get the **opportunity** to work in the lab once your training is complete.

 기출 엿보기 opportunity to + 동사원형 ~을 할 수 있는 기회
give[provide] an opportunity to + 동사원형 ~할 기회를 주다

---

29 principle

U.S. [prínsəpl]

n. 원칙, 원리

A comprehensive list of IER Investment Group's business **principles** can be found on their website.

기출 엿보기 in principle 원칙적으로
on principle 원칙에 따라

---

30 essential

U.S. [isénʃəl]

adj. 필수적인, 필수의

It is **essential** for small businesses to acquire a loyal customer base to be successful.

기출 엿보기 essential operators 필수 운영 요원들
an essential part of global business travel
해외 출장에 필수적인 요소

---

27 지난해 중국은 아프리카와 남미의 외국 공급 업체에서 에너지 자원을 수입하고 있다.
28 연수를 마치면 연구실에서 일할 기회를 갖게 될 것입니다.
29 IER 투자 그룹의 사업 원칙의 포괄적인 목록은 그들의 웹사이트에서 찾아볼 수 있다.
30 소기업들은 성공을 위해 충성 고객층을 확보하는 것이 필수적이다.

Check-up ◀

🎧 Listen and fill in the blanks with the correct words. ◎MP3

01 We have opened a new store that is _____ located right beside Union subway station.

02 In order to remain _____ with international corporations, we must outsource several thousand jobs.

03 Many hospitals are _____ facing difficulties operating because of the shortage of qualified nurses.

04 Being a physician is an extremely _____ job that requires rigorous, thorough training.

05 Advanced software _____ the logistics department to track product shipments around the world.

06 Two months into the project, the construction team realized their initial timetable for completion was _____.

07 International Styles is proud to _____ its new line of winter clothing.

08 The sales representative _____ that she would be resigning from Princess Automotive in two weeks.

09 Outsourcing services have become a _____ way for businesses to lower their production costs.

10 Golder Mining has instituted new safety _____ to reduce cave-ins at their mining sites.

---

01 우리는 Union 지하철 역 바로 근처에 새로운 상점을 열었다. 02 국제적인 회사들과 대적하기 위해서 우리는 수천 가지 업무를 외주 조달해야 한다. 03 많은 병원들이 현재 자질 있는 간호사의 부족으로 운영에 어려움을 겪고 있다. 04 내과 의사가 되는 것은 엄격하고 철저한 훈련을 요하는 무척 힘든 일이다. 05 첨단 소프트웨어는 물류부가 세계의 상품 출하를 추적하는 것을 가능하게 해준다. 06 프로젝트 시작 두 달 후에 건설팀은 초기 완공 일정이 잘못되었다는 것을 깨달았다. 07 International Styles는 겨울 신상 의류를 출시하게 되어 기쁩니다. 08 그 영업 사원은 2주 후에 Princess Automotive를 그만둘 것이라고 밝혔다. 09 아웃소싱 서비스는 기업들이 생산비를 낮추는 일반적인 방법이 되었다. 10 Golder Mining은 광산에서의 붕괴를 줄이기 위한 새로운 안전 조치들을 마련했다.

Day 05

◉ MP3

01 allowance
[U.S.] [əláuəns]

n. 허용치, 수당, 용돈

EastFlight Airlines has a strict **allowance** of two small carry-on pieces of luggage per person.

기출 엿보기
make allowances for A A를 감안하다
luggage[baggage] allowance 수하물 허용 중량

02 comprehensive
[U.S.] [kàmprihénsiv]

adj. 종합적인, 포괄적인

Our **comprehensive** automotive insurance plan will ensure your car is fully covered.

기출 엿보기
comprehensive testing of a product
제품에 대한 종합적인 검사
a comprehensive benefits package
포괄적인 복리 후생 제도

03 finally
[U.S.] [fáinəli]

adv. 마침내, 결국

After weeks of preparation, we are **finally** ready to unveil our new marketing campaign.

기출 엿보기
finally receive the bank approval for loans
마침내 은행 대출 승인을 받다
finally decide to release the result of the negotiation
협상 결과를 공개하기로 마침내 결정하다

04 disclose
[U.S.] [disklóuz]

v. 공개하다, 드러내다

The terms of your employment contract state that you cannot **disclose** sensitive information to our competition.

기출 엿보기
be disclosed to ~에 공개되다
without disclosing A A를 밝히지 않고

---

01 EastFlight 항공은 엄격하게 일인당 작은 휴대품 두 개를 허용한다.
02 우리 종합 자동차 보험은 귀하의 차를 완전히 보장할 것입니다.
03 몇 주간의 준비 끝에 우리는 마침내 새로운 마케팅 캠페인을 공개할 준비가 되어 있다.
04 고용 계약 조건에 우리 회사와 관련된 민감한 정보를 공개하지 못하도록 명시되어 있다.

05 convenience

[U.S.] [kənvíːnjəns]

n. 편의, 편리

Several online trading companies offer **convenience** and security for people looking to buy and sell stocks.

 for your convenience 귀하의 편의를 위해
at one's earliest convenience ~의 형편이 닿는 대로 빨리

06 informed

[U.S.] [infɔ́ːrmd]

adj. 정보에 근거한

I need to do more research before I can offer you an **informed** opinion.

 informed decision[choice] 정보에 근거한 결정[선택]

07 correctly

[U.S.] [kəréktli]

adv. 바르게, 정확하게

The technical support team has not yet **correctly** identified the source of the system malfunction.

 correctly predict that~ ~을 정확하게 예측하다, 예상하다
answer the following questions correctly
다음 문제들에 정확히 답하다

08 equip

[U.S.] [ikwíp]

v. 갖추게 하다, 설비하다

Our friendly and knowledgeable support staff is **equipped** with the most up to date technical training.

fully equipped 완비한
be equipped with ~이 갖추어져 있다

---

05 여러 온라인 거래 회사는 주식을 사고 파려는 사람들에게 편리함과 안전성을 제공한다.
06 정보에 근거한 의견을 당신에게 제안하기 전에 좀 더 조사를 해야겠습니다.
07 기술 지원팀은 시스템 오작동의 원인을 아직 제대로 파악하지 못했다.
08 친절하고 지식이 풍부한 우리 지원 인력은 가장 최신의 기술 훈련을 받았다.

09 damage
U.S. [dǽmidʒ]

n. 손해, 피해
v. 손해를 입히다

Damage was done to several radio towers after they were struck by lightning during yesterday's storm.

 cause extensive damage 광범위한 피해를 낳다
cause damage to public property 공공 재산을 파손시키다

10 less
U.S. [les]

adj. 보다 적은, 덜한

According to *Finance Magazine*, this year's projected unemployment figure will be **less** than 6.7%.

 more or less 다소, 대체로
nothing[no] less than 적어도 ~이상, 꼭 ~만큼

11 involve
U.S. [invɑ́:lv]
U.K. [invɔ́lv]

v. 포함시키다, 관련시키다

The project will **involve** conducting research into different types of alternative energies.

 involve oneself in ~에 관여하다, 개입하다

12 expectation
U.S. [èkspektéiʃən]

n. 예상, 기대

The film studio has very high **expectations** for its next summer blockbuster.

 beyond one's expectation 기대 이상으로
contrary to one's expectation ~의 예상과는 반대로

09 어제 폭풍이 치는 동안 번개를 맞은 여러 송신탑이 손상을 입었다.
10 *Finance Magazine*에 따르면 올해 예상 실업률 수치는 6.7% 미만이 될 것이다.
11 그 프로젝트는 여러 유형의 대체 에너지에 대한 연구를 실시하는 것을 포함할 것이다.
12 그 영화 스튜디오는 내년 여름 블록버스터 개봉과 관련하여 매우 큰 기대를 갖고 있다.

13 massive

U.S. [mǽsiv]

adj. 막대한, 대규모의

GCAL Industries has announced that it will begin construction on two **massive** hydroelectric power generators.

 massive layoffs 대량 해고
a massive earthquake 대규모 지진
a massive new house-building program
신규 대규모 주택 건설 계획

14 slightly

U.S. [sláitli]

adv. 약간, 조금

The expense account was **slightly** higher this month because management ordered food at the staff meeting.

15 lead

U.S. [li:d]

v. 이끌다, 인도하다,
(어떤 결과에) 이르다

A strong work ethic can **lead** to promotions and increased earnings.

 lead to + 명사 ~에 이르게 하다, (일이) ~가 되다
lead to serious accidents 심각한 사고를 일으키다

16 export

U.S. [ikspɔ́:rt]

n. 수출(품)
v. 수출하다

Many South Korean businesses rely on the **export** of electronics to North American retailers.

 be exported to ~로 수출되다
government export controls 정부의 수출 규제

---

13 GCAL 산업은 두 개의 대규모 수력 발전기의 구축을 시작할 것이라고 발표했다.
14 경영진이 직원 회의에서 음식을 주문했기 때문에 소요 경비는 이번 달 약간 높게 나왔다.
15 강한 직업 윤리는 승진과 소득 증가로 이어질 수 있다.
16 많은 한국 기업들은 북미 소매상으로의 전자 기기 수출에 의존한다.

17 involved

U.S. [inválvd]

adj. 관계된, 연루된

An arbitrator had to get **involved** in the negotiations because an agreement couldn't be reached.

 be involved in ~에 관여하다, 몰두하다
be involved with ~와 연관되다

---

18 maintain

U.S. [meintéin]

v. 관리하다, 유지하다

A good salesperson should strive to **maintain** excellent relations with his or her clients.

 maintain a firm position 확고한 입장을 고수하다
maintain favorable business relations
우호적인 사업 관계를 유지하다

---

19 phase

U.S. [feiz]

n. 양상, 단계

The primary **phase** of the renovation will begin once we receive building permits from the city.

 phase of ~의 단계
phase out 단계적으로 제거하다

---

20 necessary

U.S. [nésəsèri]
U.K. [nésəsəri]

adj. 필요한, 없어서는 안 될
n. (pl.) 필수품

I find it **necessary** to organize my daily tasks first thing in the morning.

 as necessary 필요한 만큼
be necessary (for A) to + 동사원형 (A가) ~할 필요가 있다

---

21 register

U.S. [rédʒəstər]

v. 등록하다, 기재하다
n. 등록, 등기

Once you **register** as a member of our organization, you will receive discounts to various retail outlets.

register for ~을 등록하다
register with ~에 등록하다

---

17 합의가 이루어지지 않아서 중재자가 협상에 관여해야 했다.
18 훌륭한 영업 사원은 고객과 좋은 관계를 유지하려고 노력해야 한다.
19 수리의 첫 단계는 일단 우리가 시로부터 건축 허가를 받으면 시작할 것이다.
20 나는 아침에 제일 먼저 일상 업무를 계획할 필요가 있다고 느낀다.
21 우리 단체의 회원으로 등록하시면 다양한 소매점에서 할인을 받게 됩니다.

22 raise

U.S. [reiz]

n. (임금 · 급여의) 인상
v. (수치 · 액수 등을) 올리다,
(의문을) 제기하다

Our company experienced a significant **raise** in productivity after supplying its employees with PDAs.

 raise questions regarding[concerning]
~에 대해 문제를 제기하다

23 qualified

U.S. [kwáləfàid]

adj. 자격 있는, 적격의

Only candidates with a degree in biochemistry are **qualified** for this position.

기출 엿보기 be qualified for ~에 자격이 있다
qualified applicants 자격 있는 신청자
be qualified for the position 그 직책에 적임이다

24 prescribe

U.S. [priskráib]

v. (약을) 처방하다, 규정하다

The doctor **prescribed** plenty of rest and relaxation for the exhausted research assistant.

 prescribe A for B B에 대해 A를 처방하다
prescribe medicine 약을 처방하다

25 recovery

U.S. [rikÁvəri]

n. 회복, 쾌유

ICANA stocks showed an impressive **recovery** after falling nearly 50 points last month.

기출 엿보기 economic recovery 경기 회복
long-term recovery 장기 회복

26 upcoming

U.S. [ÁpkÀmiŋ]

adj. 다가오는, 앞으로 올

The company's project coordinator was assigned to plan this year's **upcoming** holiday staff party.

기출 엿보기 upcoming events 다가오는 행사
upcoming price hike 앞으로 있을 가격 상승

---

22 우리 회사는 직원들에게 PDA를 제공한 후에 생산성이 상당히 향상되었음을 경험했다.
23 생화학 분야의 학위가 있는 지원자들만이 이 자리에 적합하다.
24 의사는 지친 연구 조교에게 충분한 휴식과 안정을 취하라고 처방했다.
25 ICANA 주식은 지난달 거의 50포인트 하락한 후 인상적인 회복을 보였다.
26 회사의 프로젝트 책임자는 올해의 다가오는 연휴의 직원 파티를 계획하도록 배정받았다.

27 transfer
U.S. [trænsfə́:r]

v. 이동하다, 전근시키다
n. 전근, 이동

Recently I **transferred** departments; I am now heading up the financial division in another city.

 기출 엿보기
transfer A to B A를 B로 옮기다
transfer money 돈을 송금하다, 이체하다

28 expense
U.S. [ikspéns]

n. 비용, 지출, (pl.) 경비

If our small business is to succeed, we must find a way to reduce our **expenses**.

기출 엿보기
at one's expense ~의 비용으로
overhead expenses 경상비, 관리비

29 remedy
U.S. [rémədi]

n. 해결책, 치료(제)
v. 해결하다

Yoga has proven to be an effective **remedy** for employees that experience stress at work.

기출 엿보기
remedy for[to] ~에 대한 해결책, 구제책
remedy problems 문제를 해결하다

30 shortly
U.S. [ʃɔ́:rtli]

adv. 곧, 얼마 안 있어

Shortly after the release of our new advertising campaign, sales increased by 24%.

기출 엿보기
shortly before[after] 바로 전에[후에]

---

27 최근에 나는 부서를 옮겼고 지금 다른 도시에서 재무부를 총괄하고 있다.
28 우리의 소규모 사업이 성공하려면 비용을 줄일 수 있는 방법을 찾아야 한다.
29 요가는 직장에서 스트레스를 받는 회사원들을 위한 효과적인 치료로 입증되었다.
30 우리의 새로운 광고 캠페인을 내보낸 직후 판매가 24% 증가했다.

Check-up ◀

🎧 Listen and fill in the blanks with the correct words. 🔊MP3

01 Our _____ automotive insurance plan will ensure your car is fully covered.

02 The terms of your employment contract state that you cannot _____ sensitive information to our competition.

03 I need to do more research before I can offer you an _____ opinion.

04 According to *Finance Magazine*, this year's projected unemployment figure will be _____ than 6.7%.

05 The project will _____ conducting research into different types of alternative energies.

06 GCAL Industries has announced that it will begin construction on two _____ hydroelectric power generators.

07 An arbitrator had to get _____ in the negotiations because an agreement couldn't be reached.

08 The primary _____ of the renovation will begin once we receive building permits from the city.

09 Only candidates with a degree in biochemistry are _____ for this position.

10 Recently I _____ departments; I am now heading up the financial division in another city.

Review Test

Choose the best answer and complete the sentence.

01 The director won a lifetime _____ Oscar at the awards ceremony in Hollywood last night.

(A) approach   (B) address   (C) agreement   (D) achievement

02 Mr. Jackson's father is seeking an _____ from the late singer's estate to help cover his monthly expenses.

(A) expectation   (B) evaluation   (C) allowance   (D) applicant

03 The national _____ has unanimously endorsed a report calling for urgent action to help the country's homeless.

(A) capacity   (B) assembly   (C) opportunity   (D) grant

04 _____ may not use corporate credit cards to buy personal items such as retirement gifts, flowers, or greeting cards.

(A) Exports   (B) Employees   (C) Belongings   (D) Instructions

05 The constant bad economic news is taking its toll and driving some people into _____, psychologists say.

(A) compliance   (B) effect   (C) estimate   (D) depression

06 On this week's show we will provide step by step _____ on how to secure your WiFi.

(A) expenses   (B) benefits   (C) instructions   (D) guarantees

07 The 40th anniversary _____ commemorating Woodstock, the 1969 musical festival, attracted 15,000 for the weekend.

(A) gathering   (B) principle   (C) cuisine   (D) phase

08 Last week's deadly helicopter crash has renewed discussion about the effectiveness of safety _____ in the mining industry.

(A) recovery   (B) opposition   (C) excess   (D) measures

---

01 그 감독은 어젯밤 할리우드에서 열린 시상식에서 오스카 공로상을 받았다. 02 Jackson 씨의 아버지는 매달 들어가는 비용을 감당하기 위해 그 죽은 가수의 재산으로부터 수당을 받으려고 하고 있다. 03 국회는 나라의 집 없는 사람들을 돕기 위한 긴급 조치를 촉구하는 보고서를 만장일치로 지지했다. 04 직원들은 퇴임 선물, 꽃, 또는 축하 카드와 같은 개인 물품을 사는 데 회사 카드를 사용해서는 안 된다. 05 계속된 나쁜 경제 소식이 안 좋은 영향을 끼쳐 사람들을 우울한 상태로 몰고 간다고 심리학자들은 말한다. 06 이번 주 쇼에서는 WiFi를 안전하게 하는 방법에 대해 단계별 지시 사항을 제공할 예정입니다. 07 1969년 뮤지컬 페스티벌인 Woodstock을 기념하는 40주년 모임은 주말 동안 1만 5천 명을 끌어들였다. 08 지난주에 발생한 치명적인 헬리콥터 추락 사고는 광산업의 안전 조치의 효과에 대한 논의를 다시 부활시켰다.

09 Travelers in Indonesia can claim a _____ from a special fund that was created for their protection.

(A) cause   (B) refund   (C) principle   (D) convenience

10 Using _____ medical jargon can be confusing, anxiety inducing, and dangerous for patients, a new study found.

(A) capable   (B) complicated   (C) numerous   (D) involved

11 We have found some problems: the patients haven't given _____ consent and your records are poorly maintained.

(A) incorrect   (B) incidental   (C) informed   (D) less

12 Thirty-five per cent of the world's crop production is _____ on pollinators such as bees, birds, and bats.

(A) normal   (B) leading   (C) exclusive   (D) dependent

13 A state commission sees bright spots and the promise of new and _____ markets in Asia.

(A) profitable   (B) capable   (C) demanding   (D) conclusive

14 Zimbabwe is _____ facing a shortage of fertilizer needed to produce enough grain to last it until April.

(A) favorably   (B) briefly   (C) currently   (D) conveniently

15 People in _____ taxed countries are better off according to research results published last month in the *Journal of Economics*.

(A) nearly   (B) finally   (C) highly   (D) hardly

16 Road conditions were _____ as the cause of the accident last week that injured two players on the basketball team.

(A) installed   (B) cited   (C) delayed   (D) launched

09 인도네시아 여행자들은 그들의 보호를 위해 조성된 특별 기금으로부터 환급 신청을 할 수 있다. 10 복잡한 의학 용어를 사용하는 것은 환자들에게 혼란스러울 수 있고, 불안을 유발할 수 있으며, 위험할 수 있다고 새로운 연구는 밝혔다. 11 우리는 환자들이 고지에 입각한 동의서를 내지 않았고 당신의 기록들은 제대로 유지되지 않았다는 몇 가지 문제점을 발견했다. 12 세계 농작물 생산량의 35%는 벌, 새, 그리고 박쥐 같은 꽃가루 매개자에 의해 좌우된다. 13 주 위원회는 아시아에서 밝은 면과 새롭고 수익성 있는 시장의 가능성을 본다. 14 짐바브웨는 현재 4월까지 버틸 충분한 곡식을 생산하는 데 필요한 비료가 부족한 실정이다. 15 지난달 *Journal of Economics*에 게재된 연구 결과에 따르면 세금을 높게 부과하는 나라의 국민들이 더 부유하다. 16 지난주 농구팀의 두 선수를 다치게 한 사고의 원인으로 도로 환경이 언급되었다.

토익 보카 공부하는 방법

토익 700⁺
필수보카

Week1

Week2

Week3

Week4

01 **reservation**
u.s. [rèzərvéiʃən]

n. 예약, 보류

My assistant made **reservations** at a local restaurant for a meeting with a prospective client.

 기출 엿보기
reservation for ~에 대한 예약
make a reservation 예약하다

02 **related**
u.s. [riléitid]

adj. 관련된, 상관 있는

Please send the director of operations any financial information **related** to the purchase of supplies.

 기출 엿보기
be related to ~와 관련이 있다
relate A to B A를 B와 관련짓다

03 **timely**
u.s. [táimli]

adj. 때에 알맞은, 시기 적절한

It is expected that all employees will arrive to meetings in a **timely** manner.

 기출 엿보기
in a timely manner 때 맞춰
make timely decisions 시기 적절한 결론을 내리다

04 **continue**
u.s. [kəntínju:]

v. 계속되다

I will **continue** working on the report once I have returned from my lunch break.

 기출 엿보기
continue + (동)명사[to + 동사원형] 계속해서 ~하다

---

01 내 비서는 잠재 고객과의 미팅을 위해 현지 식당에 예약을 해주었다.
02 운영 팀장에게 물품 구입과 관련된 재무 정보를 모두 보내주세요.
03 모든 직원들은 때 맞춰 회의에 도착할 것으로 예상된다.
04 점심 시간이 끝나고 돌아오면 나는 보고서를 계속 작업해야 할 것이다.

05 share

U.S. [ʃɛər]

n. 주식, 할당
v. 나누다, 공유하다

Any associate that is employed for over one year is entitled to purchase discounted company **shares**.

기출
엿보기
shares of stock 주식
share A with B A를 B와 나누다, 공유하다

06 satisfactory

U.S. [sæ̀tisfǽktəri]

adj. 만족스러운, 충분한

The client complained because the service that she received was not of **satisfactory** quality.

기출
엿보기
satisfactory performance 만족스러운 성과

07 easily

U.S. [íːzəli]

adv. 쉽게

With this new software, our company can **easily** monitor whether any employee uses their computer inappropriately.

기출
엿보기
easily available 쉽게 이용 가능한
easily accessible 쉽게 접근할 수 있는

08 release

U.S. [rilíːs]

v. ~을 공개하다, 발표하다,
  (영화 등을) 개봉하다
n. 발매, 출시

The CEO was required to **release** a statement about the company's bankruptcy this morning.

기출
엿보기
a press release 보도 자료
release medical records 의료 기록을 공개하다

09 stage

U.S. [steidʒ]

n. 단계, 무대
v. 상연하다

Each **stage** of our production cycle should be evaluated to determine if we can improve efficiency.

기출
엿보기
set the stage for ~을 준비하다
in one's early stage ~의 초기 단계에

---

05 1년 이상 고용된 사원이라면 누구나 할인된 회사 주식을 살 수 있는 자격이 된다.
06 그 고객은 자신이 받은 서비스가 만족스러운 수준이 아니었기 때문에 항의를 했다.
07 이 새로운 소프트웨어로 우리 회사는 어떤 직원이 컴퓨터를 부적절하게 사용하는지 쉽게 감시할 수 있다.
08 그 최고 경영자는 오늘 아침 회사의 파산에 대한 성명을 발표해야 했다.
09 효율성을 향상시킬 수 있는지 결정하기 위해 생산 주기의 각 단계가 평가되어야 한다.

10 temporary
U.S. [témpərèri]

adj. 일시적인, 임시의

Frank applied for a **temporary** work visa in Australia while he studied at the university.

 기출 엿보기
a temporary employment opening 임시직 일자리
serve as the temporary replacement 임시 대행으로 맡다

---

11 formally
U.S. [fɔ́ːrməli]

adv. 공식적으로, 형식적으로

HTG Enterprises will **formally** announce the hiring of their new Chief Financial Officer tomorrow morning.

 기출 엿보기
dress formally 정장을 입다
formally reject the offer 공식적으로 제안을 거절하다

---

12 tool
U.S. [tuːl]

n. 수단, 도구, 방편

The ability to properly communicate through email can be a powerful **tool** for workers.

기출 엿보기
a marketing tool 마케팅 수단

---

13 ambitious
U.S. [æmbíʃəs]

adj. 야심을 품은, 의욕적인

Our company has initiated several **ambitious** projects to cut greenhouse gas emissions by 35%.

 기출 엿보기
ambitious [of, for] ~을 열망하는

---

14 ideally
U.S. [aidíːəli]

adv. 이상적으로, 더할 나위 없이

The board of directors believes that Mr. Dundley is **ideally** suited to become the new regional manager.

기출 엿보기
be ideally located 이상적으로 위치하고 있다

---

10 Frank는 대학에서 공부하는 동안 호주에서 임시 취업 비자를 신청했다.
11 HTG 사는 내일 아침 새로운 재무 책임자의 고용을 공식적으로 발표할 것이다.
12 이메일을 통해 원활하게 의사 소통하는 능력은 근로자들에게 강력한 수단이 될 수 있다.
13 우리 회사는 온실가스 방출을 35% 줄이기 위한 여러 가지 야심 찬 프로젝트를 시작했다.
14 이사회는 Dundley 씨가 신임 지역 관리자가 되는 데 더할 나위 없이 적합하다고 믿는다.

15 accept

U.S. [æksépt]

v. 수락하다, 승낙하다

It is my great honor to **accept** this award for Entrepreneur of the Year.

 기출 엿보기

accept the proposal 제안을 받아들이다
accept responsibility for ~에 대한 책임을 인정하다

16 attendant

U.S. [əténdənt]

n. 수행원, 직원, 참석자

The dignitaries visiting from Brazil and Chile were followed closely behind by their ever-present **attendants**.

 기출 엿보기

a parking attendant 주차장 직원
the estimated number of attendants 추정된 참석자 수

17 deserved

U.S. [dizə́:rvd]

adj. ~할 만한 가치가 있는

The board of directors would like to offer you a well **deserved** promotion to chief systems analyst.

 기출 엿보기

deserved promotion 당연한 승진
well-deserved reputation 명성을 얻을 가치가 충분히 있는

18 budget

U.S. [bʌ́dʒit]

n. 예산(안)
v. 예산 계획을 세우다

Kia's product development team finished developing the prototype for their new engine without going over **budget**.

 기출 엿보기

annual budget 연간 예산
budget strategy[report] 예산 전략[보고서]

---

15 올해의 기업인 상을 수상하게 되어 대단히 영광입니다.
16 브라질과 칠레에서 방문 중인 고위 관리들은 항상 따라다니는 수행원들이 근접하여 수행했다.
17 이사회는 당신에게 충분히 그럴 만하다고 생각되는 수석 시스템 분석가로의 승진을 제안하고 싶습니다.
18 Kia의 상품 개발팀은 예산을 초과하지 않는 범위에서 새로운 엔진을 위한 모델 개발을 마쳤다.

19 amount

[U.S.] [əmàunt]

n. 총액, 총계, 양
v. (수, 액수, 양이) ~가 되다

The total **amount** of money spent on the cafeteria's recent renovations amounted to $20,000.

a large amount of 막대한 양의
amount to 총액이 ~가 되다

20 entertaining

[U.S.] [èntərtéiniŋ]

adj. 재미있는, 유쾌한

Several new **entertaining** advertisements have helped improve ticket sales for the theatrical production of *Cats*.

be entertaining (연설을) 재미있게 하다, (청중을) 즐겁게 하다

21 cancel

[U.S.] [kǽnsəl]

v. 취소하다, 삭제하다

The director of human resources may **cancel** our scheduled meeting on Friday afternoon.

cancel order 주문을 취소하다
cancel the conference call 전화 회의를 취소하다

22 familiar

[U.S.] [fəmíljər]

adj. 잘 아는, 정통한, 친한

Mr. Zake's extensive knowledge of building design means that he should be **familiar** with reading blueprints.

be familiar with ~을 잘 알다
familiar with the safety regulations 안전 규정을 잘 아는

---

19 카페테리아의 최근 보수에 들인 비용의 총 액수는 2만 달러에 달했다.
20 여러 새로운 유쾌한 광고가 캣츠라는 작품의 티켓 판매 증가에 도움을 주었다.
21 인사부 부장은 금요일 오후 예정된 회의를 취소할지도 모른다.
22 Zake 씨의 건물 설계에 대한 광범위한 지식은 그가 설계도를 잘 읽는다는 것을 의미한다.

23 enhance

ᴜ.ˢ. [inhǽns/en-]

ᴜ.ᴋ. [inhá:ns]

v. 강화하다, 증진하다

We have **enhanced** the whitening power of our toothpaste by adding baking soda to the formula.

enhance the status 입지를 강화하다
enhance one's image ~의 이미지를 향상시키다

24 employment

ᴜ.ˢ. [emplɔ́imənt]

n. 고용, 직업

Bill is looking for **employment** after recently graduating with a degree in environmental studies.

employment opportunities 고용 기회
full-time[part-time] employment 정규직[비정규직] 고용

25 advanced

ᴜ.ˢ. [ədvǽnst]

adj. 진보한, 고도의

Jacob was hired at ChemCorp Laboratories because he has an **advanced** degree in chemical engineering.

advanced skills 진보된 기술
advanced telecommunications facilities 첨단 통신 시설

26 finalize

ᴜ.ˢ. [fáinəlàiz]

v. 결말을 짓다

It may take a few days to **finalize** the details of the contract.

finalize one's business and personal affairs
업무와 개인적인 일들을 마무리하다

---

23 우리는 제조법에 베이킹 소다를 첨가하여 치약에 미백 기능을 강화했다.

24 Bill은 환경 연구 분야의 학위로 최근 졸업한 뒤에 직장을 찾고 있다.

25 Jacob은 화학 공학에 석사 이상의 학위를 소지하고 있기 때문에 ChemCorp 연구소에 고용되었다.

26 계약에 있는 세부 사항들을 마무리 짓는 데 며칠이 걸릴지 모른다.

27 auditorium
U.S. [ɔ̀:ditɔ́:riəm]

n. 강당, (극장 등의) 청중석

The **auditorium** will be closed next week while the new sound system is being installed.

기출 엿보기 perform in an auditorium 강당에서 공연하다

28 balance
U.S. [bǽləns]

n. 차감 잔액, 잔고
v. 균형을 잡다

Please ensure that you pay the full **balance** on your credit card before April 21.

기출 엿보기 balanced due 차감 부족액
outstanding balance 미결제 잔액, 미지불 잔고

29 thrive
U.S. [θraiv]

v. 번영하다, 성공하다

No matter the environment, Jacob's enthusiasm for work allowed him to **thrive** in his job.

기출 엿보기 thrive under pressure 압박을 받는 상황에서 성공하다
A continues to thrive A는 성공 가도를 달리다

30 career
U.S. [kəríər]

n. 경력, 직업

Many organizations are available to help new graduates find a job and begin their **careers**.

기출 엿보기 change careers 직업을 바꾸다
launch one's career ~의 일(직업)을 시작하다

---

27 강당은 다음 주 새로운 사운드 시스템이 설치되는 동안 문을 닫을 것이다.
28 4월 21일 전에 신용카드로 대금 전액을 확실히 지불하세요.
29 환경이 어떻든지 Jacob의 일에 대한 열정이 그가 일에서 성공하는 요인이 되었다.
30 많은 단체들이 새로운 졸업자들이 직업을 찾고 경력을 시작하도록 돕고 있다.

Check-up ◄

🎧 Listen and fill in the blanks with the correct words. 🔊 MP3

01 Please send the Director of Operations any financial information
_____ to the purchase of supplies.

02 With this new software, our company can _____ monitor whether
any employee uses their computer inappropriately.

03 Frank applied for a _____ work visa in Australia while he studied
at the university.

04 HTG Enterprises will _____ announce the hiring of their new Chief
Financial Officer tomorrow morning.

05 It is my great honor to _____ this award for Entrepreneur of the
Year.

06 The Director of Human Resources may _____ our scheduled
meeting on Friday afternoon.

07 Mr. Zake's extensive knowledge of building design means that he should be
_____ with reading blueprints.

08 We have _____ the whitening power of our toothpaste by adding
baking soda to the formula.

09 It may take a few days to _____ the details of the contract.

10 Please ensure that you pay the full _____ on your credit card
before April 21.

---

01 운영 팀장에게 물품 구입과 관련된 재무 정보를 모두 보내주세요. 02 이 새로운 소프트웨어로 우리 회사는 어떤 직원이 컴퓨터를 부적절하게 사용하는지 쉽게 감시할 수 있다. 03 Frank는 대학에서 공부하는 동안 호주에서 임시 취업 비자를 신청했다. 04 HTG 사는 내일 아침 새로운 재무 책임자의 고용을 공식적으로 발표할 것이다. 05 올해의 기업인 상을 수상하게 되어 대단히 영광입니다. 06 인사부 부장은 금요일 오후 예정된 회의를 취소할지도 모른다. 07 Zake 씨의 건물 설계에 대한 광범위한 지식은 그가 설계도를 잘 읽는다는 것을 의미한다. 08 우리는 제조법에 베이킹 소다를 첨가하여 치약에 미백 기능을 강화했다. 09 계약에 있는 세부 사항들을 마무리 짓는 데 며칠이 걸릴지 모른다. 10 4월 21일 전에 신용카드로 대금 전액을 확실히 지불하세요.

01 retirement
[U.S.] [ritáiərmənt]

n. 은퇴, 퇴직

My father told several stories and reminisced with friends at his **retirement** party last night.

 기출 엿보기
early retirement 조기 퇴직
retirement party 은퇴 파티

02 seasonal
[U.S.] [síːzənəl]

adj. 계절적인, 임시의

Marketing teams put a lot of time and money into developing **seasonal** displays for Halloween.

 기출 엿보기
seasonal variation 계절에 따른 변동
seasonal price cuts 시즌별 가격 할인

03 approximately
[U.S.] [əpráksəmitli]
[U.K.] [əpróksəmitli]

adv. 대략, 약

We have **approximately** $125,000 left in our advertising budget to launch radio and television commercials.

 기출 엿보기
approximately + 수량[성질, 위치] 대략 ~만큼
for approximately 45 minutes 약 45분간

04 cooperate
[U.S.] [kouápərèit]

v. 협력하다, 협동하다

The sales department should **cooperate** with the marketing team to develop an effective advertisement.

 기출 엿보기
cooperate with A A와 협력하다

---

01 우리 아버지는 지난 밤 은퇴 파티에서 여러 가지 이야기를 하면서 친구들과 추억을 나누었다.
02 마케팅 팀들은 할로윈을 위한 시즌별 장식을 연출하는 데 많은 시간과 비용을 들인다.
03 라디오와 텔레비전 광고를 시작하기 위한 광고 예산이 대략 12만 5천 달러가 남은 상태다.
04 판매부는 효과적인 광고를 만들어내기 위해 마케팅 팀과 협력해야 한다.

05 shift

U.S. [ʃift]

n. 교대 근무, 교체, 변화
v. 방향을 바꾸다

Li Ping is scheduled to work the night **shift** all week at the hospital.

 기출 엿보기
a day[night] shift 주간[야간] 교대 근무
shift A to B A를 B로 옮기다

06 apparent

U.S. [əpǽrənt]

adj. 확실한, 명백한

The failure of the project was due to an **apparent** lack of coordination between the two departments.

 기출 엿보기
apparent errors[defect] 명백한 오류[흠]

07 equally

U.S. [íːkwəli]

adv. 똑같게, 동등하게

We were **equally** surprised to discover that Ms. Espinoza was promoted to payroll manager.

 기출 엿보기
It is equally important to + 동사원형
~하는 것도 똑같이 중요하다

08 account

U.S. [əkáunt]

v. 설명하다, (~의 비율을)
차지하다
n. (은행의) 예금 계좌, 고려

Due to the economic slowdown, university students now **account** for the vast majority of our customers.

 기출 엿보기
account for (~의 비율을) 차지하다, (~의 이유를) 밝히다
take A into account A를 고려하다

09 statement

U.S. [stéitmənt]

n. 명세서, 진술

Every company has a mission **statement** which reveals its core beliefs, values, and goals.

 기출 엿보기
bank statement 은행 거래 명세서
issue a statement 성명서를 발표하다

---

05 Li Ping은 병원에서 일주일 내내 야간 근무를 하기로 되어 있다.
06 프로젝트의 실패는 명백히 양 부서 간 협력 부족 때문이었다.
07 우리는 Espinoza 씨가 급여 관리자로 승진한 것을 알고 똑같이 놀랐다.
08 경제 침체로 인해, 대학생들은 현재 우리 고객의 다수를 차지하고 있다.
09 모든 기업은 핵심 신념, 가치, 그리고 목표를 드러내는 사명을 가지고 있다.

10 commercial
U.S. [kəmə́ːrʃəl]

adj. 상업(상)의
n. 광고 방송

My client is interested in leasing a **commercial** property that will allow him to house dangerous materials.

 electronic commercial 전자 상거래
for commercial purposes 상업적인 목적으로

11 absolutely
U.S. [ǽbsəlùːtli]

adv. 절대적으로, 완전히

It's **absolutely** necessary that we finish compiling the marketing data before Friday's deadline.

 absolutely not 절대 아니다
It is absolutely essential + that절
~하는 것은 절대적으로 필요하다

12 celebrate
U.S. [séləbrèit]

v. 기념하다, 축하하다

The National Institute of Technology and Innovation will **celebrate** its 25th anniversary in March.

 celebrate a promotion 승진을 축하하다

13 attention
U.S. [əténʃən]

n. 주의(력), 주목, 경청

We hope to raise public awareness by calling **attention** to the plight of the homeless.

 attention to ~에 대한 관심
Attention shoppers! 손님 여러분, 주목해 주세요!

---

10 내 고객은 위험 물질을 보관할 수 있는 상업용 부동산을 임대하는 데 관심이 있다.
11 우리는 금요일 마감 시한 전에 마케팅 자료 수집을 끝내는 것이 절대적으로 필요하다.
12 The National Institute of Technology and Innovation은 3월에 25주년을 기념할 것이다.
13 우리는 노숙자의 처지에 주의를 기울임으로써 대중의 관심을 불러일으키기를 바란다.

14 **largely**

ᴜ.ѕ. [lάːrdʒli]

adv. 주로, 대부분

The payroll department was **largely** responsible for the mistakes I found on my last paycheck.

 largely because of 대부분 ~때문에
be largely concerned with 대부분 ~와 관계가 있다

15 **demonstrate**

ᴜ.ѕ. [démənstrèit]

v. 설명하다, 증명하다

The web designer **demonstrated** how his design would allow customers to easily navigate the company website.

 hold a demonstration 시범을 보이다
conduct a demonstration 시연하다

16 **certificate**

ᴜ.ѕ. [sərtífəkət]
ᴜ.ᴋ. [sə́tífəkət]

n. 증명(서), 면허증

Every employee that completes the customer service training session will receive a notarized **certificate**.

 a health certificate 건강 진단서
a certificate in accounting 회계 자격증

17 **enroll**

ᴜ.ѕ. [enróul]

v. 등록하다, 명단에 기재하다

Our company requires all newly hired employees to **enroll** in specific customer service training courses.

be enrolled in ~에 등록하다
enroll in an advanced class 고급반에 등록하다

---

14 경리부는 지난 내 급료에서 발견된 실수에 대한 상당한 책임이 있었다.
15 그 웹 디자이너는 어떻게 그의 디자인이 고객들로 하여금 쉽게 회사의 웹사이트를 돌아볼 수 있게 하는지 설명했다.
16 고객 서비스 훈련 과정을 완수한 모든 직원들은 공인된 증명서를 받게 될 것이다.
17 우리 회사는 모든 신입 사원들이 특별 고객 서비스 훈련 과정에 등록해야 한다.

18 exhibition
[U.S.] [èksəbíʃən]

n. 전람(회)

October's job fair will feature an **exhibition** on the fastest growing industries in South Korea.

 an exhibition on ~에 대한 전람회
current exhibitions 현재 전시 중인 전시물

19 favorable
[U.S.] [féivərəbəl]

adj. 호의적인, 유리한

If weather conditions are **favorable**, the company picnic will be held next weekend.

favorable to ~에게 유리한
favorable exchange rates 유리한 환율

20 evaluate
[U.S.] [ivǽljuèit]

v. 평가하다

Our company will be **evaluated** in the next edition of *Business Today Magazine*.

 evaluate the potential 가능성을 평가하다
evaluate on a case-by-case basis 개별적으로 평가하다

21 access
[U.S.] [ǽkses]

n. 이용 권한, 접근
v. 접근하다, 도달하다

The **access** point to the warehouse office is on the south side of the building.

access to + 명사 ~로의 접근 권한, 이용, 출입
have access to ~에 접근 권한을 가지고 있다

22 policy
[U.S.] [pálǝsi]

n. 규정, 방침, 정책

Company **policy** states that managers should help resolve staff conflicts through supportive mediation.

 economy policy 경제 정책
follow company policy 회사 규칙을 따르다

---

18 10월의 취업 박람회는 한국에서 가장 빠르게 성장하는 산업에 대한 전람회를 특징으로 할 것이다.
19 기상 상황이 좋다면 다음 주말에 회사 야유회가 있을 것이다.
20 우리 회사는 *Business Today Magazine*의 다음 호에서 평가를 받을 것이다.
21 창고 사무실로 들어가는 곳은 건물 남측에 있습니다.
22 회사 정책에 관리자들이 지원 중재를 통해 직원 간 갈등을 해결하도록 도와야 한다고 나와 있다.

23 **ban**

U.S. [bæn]

n. 금지, 반대
v. 금지하다

A national anti-smoking organization hopes to protect youths by proposing a **ban** on cigarette advertisements.

기출
엿보기 🔍
ban on ~에 대한 금지
be banned 금지되다

24 **increased**

U.S. [inkrí:sd]

adj. 증가된, 인상된

Due to **increased** production costs, the electric company will be raising their rates next year.

기출
엿보기 🔍
increased product demand 증가한 생산 수요
consumer credit increased by $15 billion
150억 달러 증가한 소비자 신용 대출

25 **ignore**

U.S. [ignɔ́:r]

v. 무시하다, 모르는 체하다

The restaurant was closed down because they **ignored** several key recommendations by the health inspector.

기출
엿보기 🔍
ignored in ~에서 제외된
ignore the advice 조언을 무시하다
ignore these stocks 이러한 주식에 눈길을 돌리지 않다

26 **code**

U.S. [koud]

n. 규범, 관례

The company dress **code** clearly states that men must wear a suit, tie, and dress shoes.

기출
엿보기 🔍
dress code 복장 규정
postal code 우편 번호

---

23 국립 흡연 반대 단체는 담배 광고 금지를 제안함으로써 청소년들을 보호하기를 바란다.
24 증가한 생산 비용 때문에 전기 회사는 내년에 요금을 올릴 것이다.
25 위생 검사관의 여러 가지 주요 권고 사항들을 무시해서 그 식당은 문을 닫았다.
26 회사의 복장 규정에는 남자는 정장을 입고, 넥타이를 매야 하며, 정장 구두를 신어야 한다고 분명히 나와 있다.

27 control
U.S [kəntróul]

n. 관리, 통제
v. 관리하다, 통제하다

I will be in **control** of the personnel department until Ms. Harvey returns from her vacation.

 기출 엿보기 in control of ~을 관리하는
have[take] control of ~을 통제하다

28 discounted
U.S [dískauntid]

adj. 할인된

HGH Wholesalers offers a **discounted** price to any business that orders over $500 worth of products.

기출 엿보기 deeply discounted 대폭 할인된

29 economical
U.S [ì:kənámikəl]

adj. 경제적인, 절약되는

Many businesses have become more **economical** by using energy efficient light bulbs.

 기출 엿보기 the most economical prices 가장 경제적인 가격

30 guided
U.S [gáidid]

adj. 안내를 받은

TravelPlus offers **guided** bus tours of over 150 cities in Europe and North America.

기출 엿보기 a guided tour 가이드 투어

---

27 나는 Harvey 씨가 휴가에서 돌아올 때까지 인사부를 관리할 것이다.
28 HGH Wholesalers는 500달러 이상에 달하는 상품을 주문하는 모든 사업체에 할인된 가격을 제공한다.
29 많은 기업들은 에너지 효율 전구를 사용함으로써 더 경제적이 되었다.
30 TravelPlus는 유럽과 북미의 150여 개 도시에서 안내원을 동반한 버스 투어를 제공합니다.

Check-up ◀

🎧 Listen and fill in the blanks with the correct words. ◎MP3

01 My father told several stories and reminisced with friends at his
_____ party last night.

02 We have _____ $125,000 left in our advertising budget to launch radio and television commercials.

03 Li Ping is scheduled to work the night _____ all week at the hospital.

04 Due to the economic slowdown, university students now _____ for the vast majority of our customers.

05 We hope to raise public awareness by calling _____ to the plight of the homeless.

06 The Payroll Department was _____ responsible for the mistakes I found on my last paycheck.

07 If weather conditions are _____, the company picnic will be held next weekend.

08 The _____ point to the warehouse office is on the south side of the building.

09 A national anti-smoking organization hopes to protect youths by proposing a _____ on cigarette advertisements.

10 I will be in _____ of the Personnel Department until Ms. Harvey returns from her vacation.

01 우리 아버지는 지난 밤 은퇴 파티에서 여러 가지 이야기를 하면서 친구들과 추억을 나누었다. 02 라디오와 텔레비전 광고를 시작하기 위한 광고 예산이 대략 12만 5천 달러가 남은 상태다. 03 Li Ping은 병원에서 일주일 내내 야간 근무를 하기로 되어 있다. 04 경제 침체로 인해, 대학생들은 현재 우리 고객의 다수를 차지하고 있다. 05 우리는 노숙자의 처지에 주의를 기울임으로써 대중의 관심을 불러일으키기를 바란다. 06 경리부는 지난 내 급여 지급에서 발견된 실수에 대한 상당한 책임이 있었다. 07 기상 상황이 좋다면 다음 주말에 회사 야유회가 있을 것이다. 08 창고 사무실로 들어가는 곳은 건물 남측에 있습니다. 09 국립 흡연 반대 단체는 담배 광고 금지를 제안함으로써 청소년들을 보호하기를 바란다. 10 나는 Harvey 씨가 휴가에서 돌아올 때까지 인사부를 관리할 것이다.

Day 07 71

Day 08

🔘 MP3

01 review
U.S. [rivjú:]

n. 재조사, 비평
v. 재조사하다, 검토하다

Every employee will learn how they can improve their work performance during their annual **review**.

 기출 엿보기
under review 조사를 받고 있는
review the attached file 첨부된 파일을 검토하다

---

02 subject
U.S. [sʌ́bdʒikt]

adj. 영향을 받기 쉬운
v. 받게 하다
n. 주제, 과목, 실험 대상

All workers are **subject** to the company's privacy policies, even when they are off duty.

 기출 엿보기
be subject to ~의 영향을 받기 쉽다
on the subject of ~에 관하여

---

03 exclusively
U.S. [iksklú:sivli]

adv. 독점적으로, 오로지

The sale price of $799 for this 52″ Sony Plasma television is available **exclusively** online.

 기출 엿보기
available exclusively to ~가 독점적으로 이용 가능한
exclusively designed to + 동사원형 ~하도록 특별히 고안된

---

04 deny
U.S. [dinái]

v. 부인하다, 취소하다

Henry and Vince have **denied** that they damaged Joe's van after borrowing it last Wednesday.

기출 엿보기
deny + (동)명사[that절] ~을[~한 것을, ~라는 것을] 부인하다

---

01 모든 직원은 연례 고과에서 작업 성과를 향상시킬 수 있는 방법을 배울 것이다.
02 모든 직원은 비번일 때 조차도 회사의 사생활 보호 정책의 영향을 받는다.
03 52인치 Sony Plasma 텔레비전의 799달러 판매가는 오로지 온라인에서만 이용 가능하다.
04 Henry와 Vince는 지난 수요일에 Joe의 밴을 빌린 이후에 그것을 파손한 것을 부인했다.

05 **shipment**

[U.S.] [ʃípmənt]

n. 선적, (화물의) 발송

International businesses sometimes require several **shipments** to be delivered to different parts of the world.

 기출 엿보기

keep track of all domestic shipments
국내 화물을 모두 추적하다

a worldwide shipment tracking system
전 세계의 화물 추적 시스템

06 **attractive**

[U.S.] [ətrǽktiv]

adj. 매력적인

The board of directors offered an **attractive** benefits package to union representatives at yesterday's meeting.

 기출 엿보기

attractive to ~의 관심을 끄는

particularly attractive 특히 인기있는

07 **increasingly**

[U.S.] [inkríːsiŋli]

adv. 점점, 더욱더

The Green Grocery Store has **increasingly** demonstrated their commitment to delivering quality food at low prices.

 기출 엿보기

get increasingly difficult 갈수록 어려워지다

in an increasingly competitive market
점차적으로 경쟁이 심해지는 시장에서

08 **allow**

[U.S.] [əláu]

v. ~하게 하다, 허락하다

The president's actions will **allow** more people to stay in full-time education than ever before.

 기출 엿보기

allow A to + 동사원형 A가 ~할 수 있다

be allowed to + 동사원형 ~할 수 있다, ~해도 된다

---

05 국제적 기업들은 때때로 여러 선적 화물을 세계의 각 지역으로 운송하기를 요청한다.
06 이사회는 어제 회의에서 노조 대표에게 매력적인 복리 후생 혜택을 제안했다.
07 Green Grocery 상점은 저가에 질 좋은 식품을 배달하겠다는 약속을 더욱더 증명했다.
08 대통령의 조치로 그 어느 때보다 더 많은 사람들이 정규 교육을 받을 수 있을 것이다.

09 successor

🇺🇸 [səksésər]

n. 후임자, 상속자

Mr. Gardiner should be a worthy **successor** to Ms. Barefoot, who vacated her seat recently.

 기출
엿보기
as a successor to ~의 후임으로
name a successor 후계자를 지명하다

10 completed

🇺🇸 [kəmplíːtid]

adj. 완성된, 갖추어진

The newly **completed** subway line will help generate more revenue by attracting new subway passengers.

 기출
엿보기
completed with ~을 갖춘
be completed 끝나다, 완공되다

11 consist

🇺🇸 [kənsíst]

v. 이루어지다, 구성되다

The training session will **consist** of four parts and is designed to improve your selling techniques.

 기출
엿보기
A consist of B A가 B로 구성되다

12 application

🇺🇸 [æpləkéiʃən]

n. 적용, 신청, 지원(서)

We have received several **applications** for the position, but none of the applicants have sufficient experience.

 기출
엿보기
receive an application 지원서를 받다
complete the enclosed application form
첨부된 지원 양식을 작성하다

---

09 Gradiner 씨는 최근 공석인 Barefoot 씨의 훌륭한 후임자가 될 것이다.
10 새로 완공된 지하철 노선은 새로운 지하철 고객을 끌어들임으로써 더 많은 수익을 창출하는 데 도움이 될 것이다.
11 연수 과정은 네 파트로 구성되며 판매 기술을 향상시키도록 짜여 있다.
12 우리는 그 직책에 대해 여러 지원서를 받았지만 지원자들 중 아무도 충분한 경험이 없다.

13 **efficient**

[U.S.] [ifíʃənt]

adj. (기계 · 방법 등이) 능률적인, 효과적인

An **efficient** labor force is critical for any company aspiring to compete in today's marketplace.

 make efficient use of ~을 효율적으로 사용하다
efficient processing [administration] 효율적인 처리[경영]

14 **carefully**

[U.S.] [kɛərfəli]

adv. 주의 깊게, 신중히

I have **carefully** selected four candidates that should be considered for the position of store manager.

 watch the market carefully 시장을 신중하게 관망하다

15 **depart**

[U.S.] [dipáːrt]

v. 출발하다, 떠나다

My plane is scheduled to **depart** from LAX tomorrow at 8:30 a.m.

 depart from Terminal 5 5번 터미널에서 출발하다

16 **commitment**

[U.S.] [kəmítmənt]

n. 약속, 위임, 서약, 책임

The owner of the Heritage Hills Boutique expressed his **commitment** to supplying customers with the finest Italian clothing.

 commitment to + (동)명사 ~에 대한 헌신, 전념
make a commitment to + 동사원형 ~할 것을 약속하다

17 **frequent**

[U.S.] [fríːkwənt]

adj. 빈번한, 자주 일어나는

All customers will receive 100 bonus **frequent** flyer miles on any purchase over $50.

 frequent flight program (항공) 단골 고객 특별 서비스
frequent buyer discounts 단골 고객 할인

---

13 능률적인 노동력은 오늘날 시장에서 경쟁에 포부를 가진 모든 기업에게 중요하다.
14 나는 상점 지배인 자리에 고려할 만한 네 명의 지원자를 신중하게 뽑았다.
15 내 비행기는 내일 아침 8시 30분에 LAX 공항을 출발할 예정이다.
16 Heritage Hills Boutique의 소유주는 고객들에게 최상품의 이태리 의류를 제공하겠다고 약속했다.
17 모든 고객들은 50달러 이상을 구매하면 항공사 상용 100 마일리지를 보너스로 받게 된다.

18 ensure

U.S. [enʃúər]

v. 확실히 ~하다, 보장하다

We must **ensure** that our graphs and charts are completed before the presentation on Monday.

 기출 엿보기
ensure a seat 자리를 확보하다
ensure that절 ~을 확실히 하다

19 extension

U.S. [iksténʃən]

n. 연장, 연기, (전화) 내선

We were granted an **extension** on our project after several team members became seriously ill.

 기출 엿보기
extension number 내선 번호
request the extension of warranty
보증 기간 연장을 요청하다

20 institute

U.S. [ínstətjùːt]

v. (제도 등을) 만들다, 확립하다
n. 협회, 연구소, 기관

LKJ Communications has **instituted** several new procedures that all employees must adhere to.

 기출 엿보기
institute a new dress code 새로운 복장 규정을 시행하다
a brief history of the institute 그 기관의 약력

21 operation

U.S. [ὰpəréiʃən]
U.K. [ɔpəréiʃən]

n. 작용, 운행

DC Logistics has begun to expand its business internationally after ten years in **operation**.

 기출 엿보기
in operation 운전 중, 활동 중, 시행 중
close operation 작동을 중단하다

22 lengthy

U.S. [léŋθi]

adj. 긴, 장황한

Preparing for our monthly board meeting can be a difficult and **lengthy** process.

기출 엿보기
for lengthy periods 장시간 동안
after lengthy discussions 장시간 토론 끝에

---

18 우리는 월요일 발표 전에 그래프와 차트가 확실히 완성되도록 해야 한다.
19 우리는 여러 명의 팀원들이 심하게 병이 난 후에 프로젝트에 대한 기한 연장을 허가받았다.
20 LKJ Communications는 모든 직원들이 따라야 하는 여러 새로운 과정들을 마련했다.
21 DC 물류는 10년 운영 후에 사업을 국제적으로 확대하기 시작했다.
22 매달 열리는 이사회 준비는 어렵고 긴 과정일 수 있다.

23 administer

U.S. [ædmínəstər]

v. 관리하다, 약을 투여하다

Viruses are more likely to spread in hospitals where sanitary codes are not enforced or rigidly **administered**.

 administer work schedules 근무 일정을 관리하다
administer this medication to children under 6
이 약을 6세 이하 어린이에게 투여하다

24 board

U.S. [bɔːrd]

n. 이사회
v. 탑승하다

Any proposed policy changes to the employee code of conduct must be approved by the **board**.

 a board of directors 이사회
boarding ticket 탑승권

25 noted

U.S. [nóutid]

adj. 유명한, 주목할 만한

Mr. Gradley is a **noted** financial consultant, who will help our company balance the budget.

 noted for ~로 유명한

26 notify

U.S. [nóutəfái]

v. 통지하다, 알리다

You must **notify** the purchasing manager if you need to make an order for specific supplies.

 notify A of B[that절] A에게 B에 대해 통지하다
notify the contractor in writing 계약자에게 서면으로 알리다

---

23 바이러스는 위생 규정이 시행되지 않거나 엄격하게 운영되지 않는 병원에서 더 쉽게 퍼진다.
24 직원 행동 규범에 제안된 정책 변화는 어떤 것이라도 이사회의 승인을 받아야만 한다.
25 Gradley 씨는 우리 회사가 예산 균형을 맞추는 데 도움을 줄 유명한 금융 컨설턴트이다.
26 특정 물품을 주문해야 한다면, 구매 관리자에게 통지해야 한다.

27 competition

🇺🇸 [kὰmpətíʃən]

n. 경쟁, 경쟁 상대, 경기

The **competition** for jobs in today's market is much fiercer than it was last year.

 competition for ~을 위한 경쟁
competition between[among] ~ 사이에서의 경쟁

28 document

🇺🇸 [dάːkjυmənt]
🇬🇧 [dɔ́kjυmənt]

n. 서류, 문서
v. 기록하다, 문서를 작성하다

When you are finished examining the **documents**, please return them to the filing cabinet.

 sort the documents 서류들을 분류하다
additional documentation 추가 서류

29 apparently

🇺🇸 [əpǽrəntli]

adv. 분명히, 명백히

The managers of Terrel Networks has **apparently** reached a deal with their striking work force.

 apparently unauthorized 분명히 승인되지 않은

30 helpful

🇺🇸 [hélpfəl]

adj. 유익한, 편리한

Customers of Future Store Electronics often return because the sales staff is very **helpful**.

 helpful bacteria 유익한 박테리아
helpful personnel 도우미

27 오늘날 시장에서의 취업 경쟁은 작년보다 훨씬 심하다.
28 서류 검토를 끝내면 그것을 파일 캐비닛에 다시 넣어두세요.
29 Terrel 네트워크의 부장들은 파업 중인 직원들과 명백히 협상을 타결했다.
30 Future Store Electronics의 고객들은 판매 직원들이 매우 친절해서 종종 다시 찾아온다.

Check-up ◀

🎧 Listen and fill in the blanks with the correct words. 🔘MP3

01 The sale price of $799 for this 52″ Sony Plasma television is available _____ online.

02 International businesses sometimes require several _____ to be delivered to different parts of the world.

03 The Green Grocery Store has _____ demonstrated their commitment to delivering quality food at low prices.

04 The newly _____ subway line will help generate more revenue by attracting new subway passengers.

05 We have received several _____ for the position, but none of the applicants have sufficient experience.

06 An _____ labor force is critical for any company aspiring to compete in today's marketplace.

07 The owner of the Heritage Hills Boutique expressed his _____ to supplying customers with the finest Italian clothing.

08 We were granted an _____ on our project after several team members became seriously ill.

09 Viruses are more likely to spread in hospitals where sanitary codes are not enforced or rigidly _____.

10 You must _____ the purchasing manager if you need to make an order for specific supplies.

01 52인치 Sony Plasma 텔레비전의 799달러 판매가는 오로지 온라인에서만 이용 가능하다. 02 국제적 기업들은 때때로 여러 선적 화물을 세계의 각 지역으로 운송하기를 요청한다. 03 Green Grocery 상점은 저가에 질 좋은 식품을 배달하겠다는 약속을 더욱더 증명했다. 04 새로 완공된 지하철 노선은 새로운 지하철 고객을 끌어들임으로써 더 많은 수익을 창출하는 데 도움이 될 것이다. 05 우리는 그 직책에 대해 여러 지원서를 받았지만 지원자들 중 아무도 충분한 경험이 없다. 06 능률적인 노동력은 오늘날 시장에서 경쟁에 포부를 가진 모든 기업에게 중요하다. 07 Heritage Hills Boutique의 소유주는 고객들에게 최상품의 이태리 의류를 제공하겠다고 약속했다. 08 우리는 여러 명의 팀원들이 심하게 병이 난 후에 프로젝트에 대한 기한 연장을 허가받았다. 09 바이러스는 위생 규정이 시행되지 않거나 엄격하게 운영되지 않는 병원에서 더 쉽게 퍼진다. 10 특정 물품을 주문해야 한다면, 구매 관리자에게 통지해야 한다.

Day 08 79

01 slowdown

ᴜ.ѕ. [slóudàun]

n. 경기 후퇴

The economic **slowdown** has negatively affected the number of people eating at my family's restaurant.

 slowdown in the domestic economy 국내 경기 침체

02 suitable

ᴜ.ѕ. [súːtəbəl]

adj. 적합한, 적절한

Would tomorrow be a **suitable** day for you to come in for an interview?

 suitable for ~에 적합한
a suitable payment schedule 적절한 대금 지불 방안

03 efficiently

ᴜ.ѕ. [ifíʃəntli]

adv. 효율적으로

Five years ago, our company did not use its resources as **efficiently** as it does now.

 run efficiently 효율적으로 작동하다
be handled more efficiently 효과적으로 처리되다

04 describe

ᴜ.ѕ. [diskráib]

v. 말로 설명하다, 묘사하다

Mr. Jones has not **described** any of the project's details to the research and development team.

기출 엿보기 be described as ~라고 묘사되다
describe A as B A를 B로 평하다

---

01 경기 침체는 우리 가족이 운영하는 식당에서 식사를 하는 손님 수에 부정적인 영향을 미쳤다.
02 내일 면접 보러 오시기 괜찮으신가요?
03 5년 전, 우리 회사는 자원을 지금처럼 효율적으로 이용하지 못했다.
04 Jones 씨는 연구 개발팀에 그 프로젝트의 세부 사항에 대해 전혀 설명해주지 않았다.

05 affordable

U.S. [əfɔ́ːrdəbəl]

adj. (값이) 알맞은,
구입할 수 있는

The price of gasoline has become much less **affordable** in the past ten months.

 at affordable prices 적정한 가격으로
affordable medical treatment 적절한 비용의 치료

06 constantly

U.S. [kánstəntli]

U.K. [kɔ́nstəntli]

adv. 끊임없이, 항상

I am **constantly** checking my email to see if clients are attempting to contact me.

constantly challenging 끊임없이 도전하는

07 announce

U.S. [ənáuns]

v. 알리다, 공고하다

The chairman **announced** that the new R&D Home Building Center would be operational by early November.

 be proud to announce ~을 알리게 되어 자랑스럽다
announce cost cutting measures 원가 절감 조치를 발표하다

08 aspect

U.S. [ǽspekt]

n. 관점, 양상

We will discuss several **aspects** of your job performance at your annual performance review.

 cover all aspects of the issue 문제의 모든 측면을 다루다
an important aspect of the development process
발전 과정의 중요한 국면

09 eventually

U.S. [ivéntʃuəli]

adv. 결국, 마침내

My dream is to **eventually** start a small business manufacturing and selling custom motorcycles.

eventually need to + 동사원형 결국에는 ~할 필요가 있다

---

05 휘발유 가격은 지난 10개월 동안 훨씬 많이 올랐다.
06 저는 고객들이 저에게 연락하려고 하는지 알아보기 위해 이메일을 항상 확인하고 있습니다.
07 회장은 신축된 R&D Home Building Center가 11월 초에 운영을 시작할 것이라고 발표했다.
08 우리는 연례 성과 보고에서 당신의 업무 성과를 여러 측면으로 논의할 것입니다.
09 내 꿈은 결국 맞춤형 오토바이를 제조하고 판매하는 작은 사업을 시작하는 것이다.

10 consult

U.S. [kənsʌ́lt]

v. 상담하다, 상의하다

Political officials will **consult** with automotive companies about increasing vehicle emission standards this week.

기출 엿보기
consult + 전문가 ~와 상담하다
consult with + 대등한 상대 ~와 상의하다

11 compliment

U.S. [kámpləmənt]
U.K. [kɔ́mpləmənt]

n. 칭찬, 찬사
v. 칭찬하다

Jennifer has received numerous **compliments** from her co-workers because of her hard work.

기출 엿보기
compliment A on B A를 B에 대하여 칭찬하다

12 eligible

U.S. [élidʒəbəl]

adj. 적격의, 자격이 있는

Full-time employees are **eligible** to receive three weeks of paid vacation per year.

기출 엿보기
be eligible for membership[compensation]
회원이 될[보상을 받을] 자격이 있다
be eligible to + 동사원형 ~할 자격이 있다

13 regard

U.S. [rigá:rd]

v. 간주하다, ~라고 여기다
n. 관심, 배려

Our company **regards** each employee as a unique and valuable contributor to our success.

기출 엿보기
regard A as B A를 B로 간주하다
in regard to[of] ~에 관해서는

---

10 정계 공무원들은 이번 주에 증가하는 자동차 배출 가스 기준에 대해 자동차 회사들과 논의할 것이다.
11 Jennifer는 성실함으로 동료들에게 많은 칭찬을 받았다.
12 정규 직원은 일년에 3주의 유급 휴가를 받을 수 있다.
13 우리 회사는 회사의 성공에 있어 각 직원을 특별하고 소중한 공헌자로 간주한다.

14 maintenance

[U.S] [méintənəns]

n. 관리, 지속, 유지

I work in an old office building which requires constant **maintenance** and repairs.

 low maintenance 수리할 필요가 거의 없는

15 hesitant

[U.S] [hézətənt]

adj. 주저하는, 머뭇거리는

Mr. Biggle was **hesitant** to invest in the company because its demographic research was inadequate.

기출 엿보기 hesitant to + 동사원형 ~ 하기를 주저하는
be hesitant about ~에 대해서 망설이다

16 determine

[U.S] [ditə́:rmin]

v. 결심하다, 결정하다, 측정하다

The purchasing department must **determine** how many MP3 players each store should receive.

 determine that절[to + 동사원형]~를 결심하다
determine the effectiveness of the program
프로그램의 효율성을 측정하다

17 advance

[U.S] [ədvǽns]

n. 발전, 진보
v. 전진시키다
adj. 선불의

Technological **advances** have allowed companies to become more efficient in their production methods.

기출 엿보기 advance in ~에서의 발전
two weeks in advance 2주 전에

---

14 나는 지속적인 관리와 보수가 필요한 낡은 사무실 건물에서 일한다.
15 Biggle 씨는 그 회사의 인구 통계학적 연구가 부적절해서 그 회사에 투자하는 것을 주저했다.
16 구매 부서는 각 상점이 받아야 하는 MP3 플레이어의 개수를 결정해야 한다.
17 기술의 진보는 회사들이 생산 방법을 더 효율적으로 하도록 했다.

18 limited
[U.S.] [límitid]

adj. 제한된, 한정된

The sale on Sony plasma televisions will be available for only a **limited** time.

기출
엿보기
for a limited time 한정된 시간 동안
on a limited basis 제한적으로

19 exceed
[U.S.] [iksíːd]

v. 초과하다, 지나치다

If our predictions are accurate, bank interest rates will **exceed** 5.5% next year.

기출
엿보기
exceed expectations 기대 이상이다
exceed target sales 목표 판매량을 초과하다

20 branch
[U.S.] [bræntʃ]
[U.K.] [brɑːntʃ]

n. 지점, 지사

CABC Banks will be closing six small area locations once their mega **branch** is opened.

기출
엿보기
an overseas branch 해외 지사

21 intend
[U.S.] [inténd]

v. ~할 작정이다, ~할 생각이다

Municipal workers **intend** to strike if a new contract extension is not reached by October 15.

기출
엿보기
intend A to + 동사원형 A가 ~하도록 할 작정이다
be intended to + 동사원형[for + 명사]
~할 의도를 지니다, ~할 목적이다

22 confusion
[U.S.] [kənfjúːʒən]

n. 혼란

Any **confusion** over this matter should be resolved when Mr. Brewer addresses the media later today.

기출
엿보기
be in confusion 당황하다

---

18 Sony 플라즈마 텔레비전의 판매는 한정된 기간 동안만 이루어질 것이다.
19 우리의 예측이 정확하다면 은행 이율이 내년에 5.5%를 초과할 것이다.
20 CABC 은행은 거대 지점이 오픈을 하면 여섯 개의 작은 지역 거점을 폐쇄할 예정이다.
21 시 근로자들은 10월 15일까지 새로운 계약 연장이 이루어지지 않으면 파업에 돌입할 작정이다.
22 Brewer 씨가 오늘 늦게 언론에 발표하게 되면 이 문제에 대한 모든 혼란이 해결될 것이다.

23 operational
[U.S.] [àpəréiʃənl]

adj. 경영상의, 사용 중인

The technical support team is hoping to have the new computer system **operational** by next week.

 look forward to being fully operational
완전히 가동되기를 기대하다

24 offer
[U.S.] [ɔ́(:)fər]

n. 제안, 제공
v. 제공하다, 제의하다

Yesterday, I received a job **offer** from a prestigious legal firm in New York City.

 make an offer 제안하다
offer A B A에게 B를 제공하다(= offer B to A)

25 decision
[U.S.] [disíʒən]

n. 결정, 결심

The **decision** to close down our auto parts manufacturing plant was difficult, but necessary.

 decision on ~에 대한 결정
decision to + 동사원형 ~하자는 결정
the main[final] decision 주요[최종] 결정

26 emphasis
[U.S.] [émfəsis]

n. 강조, 중점

The company believes that our associates should put a strong **emphasis** on building customer relations.

 with an emphasis on ~에 중점을 두어, 초점을 맞춰
place an emphasis on ~을 강조하다

---

23 기술 지원팀은 다음 주까지 새로운 컴퓨터 시스템이 가동되기를 바라고 있다.
24 어제 나는 뉴욕에 있는 일류 법률 사무소로부터 일자리를 제안받았다.
25 우리 자동차 부품 제조 공장을 폐쇄한다는 결정은 어려웠지만 필요한 것이었다.
26 회사는 우리의 동업자들이 고객 관계 구축에 큰 중점을 두어야 한다고 믿는다.

---

27 strike

U.S. [stráik]

n. 동맹 파업, 타격
v. 치다, 때리다

Union representatives organized workers to go on **strike** and fight for better working conditions.

 기출 엿보기
on strike 파업 중인
strike over[against] ~에 대해 반대하여 벌인 파업

---

28 considerate

U.S. [kənsídərit]

adj. 사려 깊은, 신중한

I found the salesperson who assisted us to be well informed and very **considerate**.

기출 엿보기
be considerate of ~에게 사려 깊은

---

29 definitely

U.S. [défənitli]

adv. 확실히, 분명히

I am **definitely** taking two weeks off from work in July to visit my parents.

 기출 엿보기
be definitely ready to 확실히 ~할 준비가 되다
definitely become cautious 분명히 조심스러워지다

---

30 minor

U.S. [máinər]

adj. 작은, 중요하지 않은

There are a few **minor** errors on the order form which I must correct.

기출 엿보기
several minor errors 몇 가지 소소한 실수
a minor car accident 경미한 자동차 사고

---

27 노조 대표는 근로자들이 파업에 돌입하여 더 나은 근무 환경을 위해 싸우도록 조직했다.
28 나는 우리를 도와준 판매 사원이 박식하고 매우 사려 깊다는 것을 알게 되었다.
29 나는 부모님을 찾아 뵙기 위해 7월에 2주간 반드시 휴가를 낼 것이다.
30 주문 양식에 내가 바로 잡아야 하는 몇 가지 작은 실수가 있다.

Check-up ◀

🎧 Listen and fill in the blanks with the correct words. ⊚MP3

01 The economic _____ has negatively affected the number of people eating at my family's restaurant.

02 Mr. Jones has not _____ any of the project's details to the research and development team.

03 I am _____ checking my email to see if clients are attempting to contact me.

04 We will discuss several _____ of your job performance at your annual performance review.

05 Full-time employees are _____ to receive three weeks of paid vacation per year.

06 I work in an old office building which requires constant _____ and repairs.

07 If our predictions are accurate, bank interest rates will _____ 5.5% next year.

08 Municipal workers _____ to strike if a new contract extension is not reached by October 15.

09 The technical support team is hoping to have the new computer system _____ by next week.

10 The company believes that our associates should put a strong _____ on building customer relations.

---

01 경기 침체는 우리 가족이 운영하는 식당에서 식사를 하는 손님 수에 부정적인 영향을 미쳤다. 02 Jones 씨는 연구 개발팀에 그 프로젝트의 세부 사항에 대해 전혀 설명해주지 않았다. 03 저는 고객들이 저에게 연락하려고 하는지 알아보기 위해 이메일을 항상 확인하고 있습니다. 04 우리는 연례 성과 보고에서 당신의 업무 성과를 여러 측면으로 논의할 것입니다. 05 정규 직원은 일년에 3주의 유급 휴가를 받을 수 있다. 06 나는 지속적인 관리와 보수가 필요한 낡은 사무실 건물에서 일한다. 07 우리의 예측이 정확하다면 은행 이율이 내년에 5.5%를 초과할 것이다. 08 시 근로자들은 10월 15일까지 새로운 계약 연장이 이루어지지 않으면 파업에 돌입할 작정이다. 09 기술 지원팀은 다음 주까지 새로운 컴퓨터 시스템이 가동되기를 바라고 있다. 10 회사는 우리의 동업자들이 고객 관계 구축에 큰 중점을 두어야 한다고 믿는다.

◎ MP3

---

01 **source**

U.S. [sɔ́:rs]

U.K. [sɔ:s]

n. 원천, (pl.) 출처, 소식통

Although iTunes has soared in popularity, local music stores are still a great **source** of new music.

 reliable sources 믿을 만한 소식통
source of revenue 수입원

---

02 **authentic**

U.S. [ɔ:θéntik]

adj. 진짜의, 믿을 만한

The new restaurant across the street from work promises **authentic** Mexican food at reasonable prices.

 authentic Turkish coffee 정통 터키 커피

---

03 **exactly**

U.S. [igzǽktli]

adv. 정확히, 틀림없이

We have **exactly** one week to complete the negotiations to purchase BURT Industries.

 not exactly 반드시 ~하지는 않다
at exactly five(= 5 o'clock) 정각 5시에

---

04 **prosper**

U.S. [práspər]

U.K. [prɔ́spər]

v. 번영하다, 성공하다

Our company has **prospered** from the discovery of new forms of alternative energy.

 prosper in ~에서 성공하다

---

01 아이튠의 인기가 급증했어도 지역 음악 상점들은 아직도 새로운 음악의 중요한 원천이 된다.
02 회사 길 건너에 새로 생긴 식당은 저렴한 가격에 정통 멕시코 음식을 보장한다.
03 우리는 BURT 산업을 인수하기 위한 협상을 마무리 짓는 데 정확히 일주일 남았다.
04 우리 회사는 새로운 형태의 대체 에너지 발견으로 이득을 얻었다.

05 accordance
U.S. [əkɔ́ːrdəns]

n. 일치, 조화

In **accordance** with the work contract, you will receive your yearly stipend on January 15.

기출 엿보기 🔍 in accordance with ~에 따라서

06 constructive
U.S. [kənstrʌ́ktiv]

adj. 건설적인, 구조적인

I often use **constructive** criticism to help my employees perform their tasks more professionally.

기출 엿보기 🔍 constructive critique 건설적 비평

07 heavily
U.S. [hévili]

adv. 몹시, 심하게

My father invested **heavily** in mutual funds and bonds to generate money for his retirement.

기출 엿보기 🔍 heavily rely on ~에 지나치게 의존하다
heavily discounted airfare rates 대폭 할인된 항공료

08 approve
U.S. [əprúːv]

v. 승인하다, 인정하다

Hooper Global Communications announced yesterday they have **approved** the purchase of a new television network.

기출 엿보기 🔍 approve of + (동)명사 ~을 승낙하다, 지지하다
approve the design 디자인을 승인하다

09 conclusion
U.S. [kənklúːʒən]

n. 결말, 결론

I came to the **conclusion** that Mr. Jones needs an assistant after he missed several deadlines.

기출 엿보기 🔍 in conclusion 결론으로서
come to[reach] a conclusion 결론에 이르다

---

05 고용 계약서에 따라 1월 15일에 연봉을 받게 될 것입니다.
06 나는 종종 직원들이 업무를 좀 더 전문적으로 수행하도록 돕기 위해 건설적인 비판을 이용한다.
07 우리 아빠는 은퇴 비용을 마련하기 위해 뮤추얼 펀드와 채권에 많이 투자를 했다.
08 Hooper Global Communications는 새로운 텔레비전 네트워크의 구매를 승인했다고 어제 발표했다.
09 나는 Jones 씨가 여러 번 기한을 어긴 후로 보조자가 필요하다는 결론에 이르렀다.

10 energetic

U.S. [ènərdʒétik]

adj. 활동적인, 강력한

Orange Runner Inc. is looking to hire young, **energetic** people to promote their new line of sneakers.

 기출 엿보기 an exceptionally energetic member 매우 활동적인 멤버

11 immediately

U.S. [imí:diətli]

adv. 즉시, 바로

I believe that we must **immediately** implement a new production strategy using higher quality materials.

 기출 엿보기 immediately after ~직후
immediately take safety measures 즉시 안전 조치를 취하다

12 contract

U.S. [kántrækt]
U.K. [kɔ́ntrækt]

v. 계약하다
n. 계약(서)

Polka-Cola has **contracted** a well-known marketing company to help reinvent its image.

 기출 엿보기 contract out A to B A를 B에게 하청주다
a copy of the revised contract 수정된 계약서의 사본

13 intention

U.S. [inténʃən]

n. 의도, 고안, 기획

The **intention** of SDM industries is to expand its operations into the South American market.

기출 엿보기 intention to + 동사원형 ~하려는 의도, 목적
with the intention of + (동)명사 ~할 의도로

---

10 Orange Runner 사는 새로 출시한 스니커즈를 홍보하기 위해 젊고 활동적인 사람들을 고용하려고 찾고 있다.
11 나는 우리가 더 품질 좋은 재료를 이용한 새로운 생산 전략을 즉시 수행해야 한다고 믿는다.
12 Polka-Cola는 이미지 쇄신에 도움을 받기 위해 유명 마케팅 회사와 계약했다.
13 SDM 산업의 목적은 사업을 남미 시장으로 확대하는 것이다.

14 excellent

[U.S.] [éksələnt]

adj. 우수한, 뛰어난

The trade show in June will provide an **excellent** opportunity to introduce our new industrial cleaning solution.

 기출 엿보기
excellent quality 품질이 우수한
in excellent condition 상태가 아주 좋은

15 directly

[U.S.] [diréktli]

adv. 직접적으로, 곧장

We have established a customer care helpline that allows customers to speak **directly** with our associates.

 기출 엿보기
contact[call to] directly ~와 직접 연락하다
directly opposite to that building 저 건물 바로 맞은편

16 expect

[U.S.] [ikspékt]

v. 예상하다, 기대하다

We do not **expect** to finish the repairs to the building's foundation until Friday.

 기출 엿보기
expect A to + 동사원형 A가 ~할 것을 기대하다
It is expected that절 ~할 것으로 예상되다

17 agenda

[U.S.] [ədʒéndə]

n. 의제, 의사 일정

Discussions about workplace safety and project management will be on the **agenda** at tomorrow's meeting.

 기출 엿보기
on the agenda 의제에 올라 있는
an agenda for the annual shareholders' meeting
연례 주주 총회의 안건

---

14 6월에 열리는 무역 전시회에는 우리의 신제품인 산업용 세척액을 소개할 수 있는 좋은 기회를 제공할 것이다.
15 우리는 고객들이 담당자들과 직접적으로 이야기할 수 있도록 해주는 고객 관리 상담 전화 서비스를 마련했다.
16 우리는 금요일까지 건물 토대 보수를 마치지 못할 것으로 예상한다.
17 작업장 안전과 프로젝트 관리에 대한 논의는 내일 회의에서 의제가 될 것이다.

18 **direct**

U.S. [dirékt/dai-]

adj. 직접적인, 직행의
v. 길을 안내하다

The last part of Mr. Klein's speech included a **direct** quote from a song by John Lennon.

 기출 엿보기

direct flights 직행 비행편
a direct view of ~를 바로 내다볼 수 있는 전망
direct A to B A에게 B로 안내하다

19 **abandon**

U.S. [əbǽndən]

v. 버리다, 단념하다

Research suggests that we should **abandon** our plans to expand operations into the U.S.

 기출 엿보기

abandon oneself to ~에 빠지다, 탐닉하다
abandon plans to travel abroad 해외 여행 계획을 단념하다

20 **burden**

U.S. [bə́ːrdn]

n. 무거운 짐, (의무·책임의) 짐

Rising food costs have become a **burden** on low-income families trying to survive.

 기출 엿보기

burden of high taxes 높은 세금 부담
impose a burden on A A에게 짐을 지우다

21 **apply**

U.S. [əplái]

v. 지원하다, 적용하다, 신청하다

After I finish my undergraduate degree, I am going to **apply** to law school.

 기출 엿보기

apply for ~에 지원하다, 신청하다
apply A to B A를 B에 적용하다
apply for the position 그 직책에 지원하다
apply for scholarship 장학금을 신청하다

22 **construction**

U.S. [kənstrʌ́kʃən]

n. 건설, 건축

Construction crews have been trying to repair cracked roads and deep potholes all summer.

 기출 엿보기

under construction 공사 중인, 건설 중인
road construction for the airport 공항 쪽 도로 공사

---

18 Klein 씨가 한 연설의 마지막 부분에는 John Lennon의 노래에서 직접 인용한 구절이 포함되어 있었다.
19 연구에서 제시된 바로는 우리가 미국으로 경영을 확대하려는 계획을 포기해야 한다.
20 식품 가격 상승은 살아가려 애쓰는 저소득층 가정에 부담이 되었다.
21 학사 학위를 마친 후에 나는 로스쿨에 지원할 것이다.
22 건축업자들은 여름 내내 갈라진 도로와 깊은 구덩이를 보수하려 애쓰고 있다.

23 accessible

[U.S.] [æksésəbəl]

adj. 출입할 수 있는, 이용할 수 있는

This project's purpose is to determine how our company can become more **accessible** for customers.

 accessible to + 사람 ~가 이용할 수 있는
easily[readily] accessible 쉽게 접근할 수 있는

24 calculate

[U.S.] [kǽlkjəlèit]

v. 계산하다, 추정하다

I hope you remembered to **calculate** the number of shirts we need to order.

 calculate on ~을 예상하다
calculate income and expenses 수입과 지출을 계산하다

25 corporation

[U.S.] [kɔ̀:rpəréiʃən]

n. 주식 회사, 법인

Several multination **corporations** found themselves in financial trouble following last year's market crash.

 policies of the corporation 기업 방침
a multinational corporation 다국적 기업

26 comparable

[U.S.] [kámpərəbəl]

adj. 필적하는, 비길 만한

The reliability of our computer system is **comparable** to any other system on the market.

 comparable to ~에 필적할 만한

---

23 이 프로젝트의 목적은 우리 회사가 고객들이 더욱 접근 가능하도록 결정하는 것이다.
24 우리가 주문해야 하는 셔츠의 개수를 계산하는 것을 잊지 않았기 바랍니다.
25 여러 다국적 기업은 작년의 시장 하락에 이어 재정적인 어려움에 처했다.
26 우리 컴퓨터 시스템의 신뢰도는 시장의 어떠한 다른 시스템과도 필적할 만하다.

27 decline
[U.S] [dikláin]

n. 감소, 하락
v. (초대 · 신청을) 거절하다

A significant **decline** in North American car sales has resulted in thousands of layoffs.

decline in[of] ~의 감소
decline an invitation 초대를 거절하다

28 deposit
[U.S] [dipázit]

n. 예금, 보증금
v. 예금하다, 맡기다

The landlord asked me to leave a $500 security **deposit** when I rented my apartment.

the initial deposit of $300 300달러의 보증금
a security deposit refund 보증금 반환

29 force
[U.S] [fɔ:rs]
[U.K] [fɔ:s]

n. 힘, 영향력
v. 강요하다

Mr. Fonseca has been a positive and motivational **force** since he joined our organization.

be forced to ~하지 않을 수 없다
a task force team 전담반, 특별 조사팀

30 original
[U.S] [ərídʒənəl]

adj. 원래, 처음에는

Mr. Gray was the company's **original** choice to lead the Dander Muflin public relations team.

in one's original condition 원 상태로
full of original ideas 독창적인 생각으로 가득찬

27 북미 자동차 판매의 현저한 감소는 수천 명의 해고되는 결과를 낳았다.
28 집주인은 내게 아파트를 임대할 때 5백 달러의 보증금을 치러야 한다고 말했다.
29 Fonseca 씨가 우리 단체에 가입한 이후로 그는 긍정적이고 의욕적인 인력으로 일해왔다.
30 Gray 씨는 Dander Muflin 홍보팀을 이끌어갈 회사의 첫 번째 선택이었다.

Check-up

🎧 Listen and fill in the blanks with the correct words. ⊚ MP3

01 The new restaurant across the street from work promises _____ Mexican food at reasonable prices.

02 In _____ with the work contract, you will receive your yearly stipend on January 15.

03 Hooper Global Communications announced yesterday they have _____ the purchase of a new television network.

04 Polka-Cola has _____ a well-known marketing company to help reinvent its image.

05 We have established a customer care helpline that allows customers to speak _____ with our associates.

06 Rising food costs have become a _____ on low-income families trying to survive.

07 _____ crews have been trying to repair cracked roads and deep potholes all summer.

08 This project's purpose is to determine how our company can become more _____ for customers.

09 The reliability of our computer system is _____ to any other system on the market.

10 The landlord asked me to leave a $500 security _____ when I rented my apartment.

---

01 회사의 길 건너에 새로 생긴 식당은 저렴한 가격에 정통 멕시코 음식을 보장한다. 02 고용 계약서에 따라 1월 15일에 연봉을 받게 될 것입니다.
03 Hooper Global Communications는 새로운 텔레비전 네트워크의 구매를 승인했다고 어제 발표했다. 04 Polka-Cola는 이미지 쇄신에 도움
을 받기 위해 유명 마케팅 회사와 계약했다. 05 우리는 고객들이 담당자들과 직접적으로 이야기할 수 있도록 해주는 고객 관리 상담 전화 서비스를
마련했다. 06 식품 가격 상승은 살아가려 애쓰는 저소득층 가정에 부담이 되었다. 07 건축업자들은 여름 내내 갈라진 도로와 깊은 구덩이를 보수
하러 애쓰고 있다. 08 이 프로젝트의 목적은 우리 회사가 고객들이 더욱 접근 가능하도록 결정하는 것이다. 09 우리 컴퓨터 시스템의 신뢰도는 시
장의 어떠한 다른 시스템과도 필적할 만하다. 10 집주인은 내게 아파트를 임대할 때 5백 달러의 보증금을 치러야 한다고 말했다.

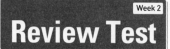

Review Test

Choose the best answer and complete the sentence.

01 The economic _____ doesn't appear to be hurting sales at resort operator Canwest Corporation.

(A) reservation   (B) slowdown   (C) accordance   (D) attention

02 The State of New York has introduced a birth _____ it claims offers the highest level of security in the country.

(A) exhibition   (B) career   (C) certificate   (D) agenda

03 American incomes dropped by the largest _____ in three years last month as the effect of economic stimulus fades.

(A) amount   (B) access   (C) aspect   (D) stage

04 The company still relies _____ on sales of printer ink and personal computers to bolster its bottom line.

(A) directly   (B) exactly   (C) heavily   (D) timely

05 In the fight against AIDS, _____ have as much power as many of the countries affected by this epidemic.

(A) auditoriums   (B) shipments   (C) tools   (D) corporations

06 Figures show that more than 60 percent of credit card users do pay off the full _____ each month.

(A) control   (B) balance   (C) document   (D) intention

07 Video games rated as "mature" or "adult" will be _____ to review by the film classification office.

(A) attractive   (B) subject   (C) eligible   (D) frequent

08 The report notes that the city currently has no municipally owned sites _____ for the proposed sports arena.

(A) suitable   (B) ambitious   (C) favorable   (D) completed

01 경기 침체는 리조트 운영 업체인 Canwest 사의 판매에 영향을 미치는 것 같지 않다. 02 뉴욕 주는 나라에서 최상의 보안 수준을 제공한다고 주장하는 출생 증명서를 도입했다. 03 경기 부양책의 효과가 희미해짐에 따라 미국인의 수입은 지난달 3년 만에 최대로 떨어졌다. 04 그 회사는 최종 손익을 보강하기 위해 여전히 프린터 잉크와 개인용 컴퓨터의 판매에 크게 의존한다. 05 에이즈와의 싸움에서, 기업들은 이 전염병에 영향을 받는 많은 나라들만큼 엄청난 힘을 가지고 있다. 06 수치를 보면 신용 카드 사용자들의 60% 이상이 매달 대금을 모두 결제한다고 나타나 있다. 07 '어른' 또는 '성인'으로 등급 매겨진 비디오 게임들은 Film Classification Office의 검사를 받아야 할 것이다. 08 보고서에 의하면 그 도시는 제안된 스포츠 경기장에 적합한 시 소유 부지가 현재 없다.

09 The average of the residential and _____ property tax increases combined will work out to 4.9 percent.

(A) discounted (B) efficient (C) entertaining (D) commercial

10 Mr. Lewis appeared _____ while answering questions during the Republican presidential candidates' debate.

(A) helpful (B) direct (C) hesitant (D) familiar

11 A series of _____ illustrations by British illustrator E.H. Leonard sold for nearly $2.3 million US on Wednesday.

(A) accessible (B) original (C) operational (D) constructive

12 Jayson Newman and the Philadelphia Phillies reached a preliminary agreement on a contract, a person _____ with the agreement said.

(A) noted (B) excellent (C) familiar (D) energetic

13 Doctors found that the three drugs worked _____ well, and each acted independently.

(A) equally (B) approximately (C) easily (D) carefully

14 The report contained a couple of surprises: one was that the business of parking is _____ recession-proof.

(A) increasingly (B) apparently (C) exclusively (D) efficiently

15 The results of the poll show that business leaders _____ an economic turnaround in the fourth quarter.

(A) continue (B) cancel (C) expect (D) deny

16 The assistant manager says he wants to study public relations, and he's going to _____ in college part time.

(A) cooperate (B) account (C) describe (D) enroll

---

09 주거 및 상업용 부동산 세금의 증가 평균은 총 4.9%가 될 것이다. 10 Lewis 씨는 공화당 대선 후보 토론회에서 질문에 답변하면서 주저하는 듯 보였다. 11 영국의 삽화가인 E.H. Leonard의 원본 그림 여러 점이 수요일 미화 230만 달러에 팔렸다. 12 Jayson Newman과 Philadelphia Phillies가 계약에 대한 사전 협정을 맺었다고 그 계약을 잘 알고 있는 사람이 말했다. 13 의사들은 3개의 약이 똑같이 효과가 좋았으며, 각각 독립 적으로 작용했다는 것을 발견했다. 14 그 보고서에는 몇 가지 놀라운 사실이 포함되어 있었는데 그중 하나는 주차 사업이 분명히 불황을 타지 않는 다는 것이었다. 15 여론 조사 결과에서 사업가들이 4사분기에 경기 회복을 예상한다고 나타났다. 16 그 대리는 홍보 쪽을 공부하고 싶고 대학교 시간제 강의에 등록할 것이라고 했다.

토익 보카 공부하는 방법

토익
700⁺
필수보카

Week1

Week2

Week3

Week4

Day 11

MP3

01 consumer
U.S. [kənsúːmər]
U.K. [kənsjúːmə(r)]

n. 소비자

We often ask **consumers** for feedback on how to improve our company's service.

 기출 엿보기
consumer rights 소비자 권리
meet consumer needs 소비자의 욕구를 충족시키다

02 extensive
U.S. [iksténsiv]

adj. 넓은, 광범위한

I have prepared an **extensive** list of possible commercial properties that meet our requirements.

기출 엿보기
extensive damage 광범위한 피해
conduct an extensive search 광범위한 조사를 실시하다

03 firmly
U.S. [fɔ́ːrmli]
U.K. [fɔ́ːmli]

adv. 단단하게, 견고하게

ERUSS Inc. **firmly** believes that its new highway markers can significantly improve road safety.

 기출 엿보기
state firmly 단호하게 말하다
attach a label firmly 라벨을 단단히 붙이다

04 refer
U.S. [rifɔ́ːr]

v. 참조하다, 언급하다

You should **refer** to the company handbook if you have questions about our policies and procedures.

기출 엿보기
refer to ~을 참고하다, 언급하다
refer to A as B A를 B라고 언급하다

---

01 우리는 종종 회사의 서비스 향상을 위한 방법에 대해 고객들에게 의견을 묻는다.
02 저는 저희의 요구 조건을 충족시켜 주는 가능한 상업적 재산의 광범위한 목록을 준비했습니다.
03 ERUSS 사는 그들의 새로운 도로 표지가 도로 안전을 상당히 개선할 수 있다고 굳게 믿는다.
04 저희 회사의 정책과 절차에 대해 문의 사항이 있으시면, 회사 소책자를 참고하세요.

100

05 facility

U.S. [fəsíləti]

n. 시설, 설비

The company has opened a second storage **facility** in the west end of the city.

child-care facilities 어린이 보호 시설
production[manufacturing] facilities 생산[제조] 설비

06 accustomed

U.S. [əkʌ́stəmd]

adj. 익숙한, 습관이 된

Customers are **accustomed** to receiving unsurpassed service when they shop at Henry's Fine Clothing.

be[get] accustomed to + (동)명사 ~에 익숙하다[익숙해지다]
an outstanding[remarkable] achievement
놀라운 업적, 성취

07 nearby

U.S. [nírbài]
U.K. [níəbài]

adv. 가까이에, 근처에
adj. 가까운

There are several excellent restaurants **nearby** the office where we could meet for lunch.

a nearby skiing resort 가까운 스키 리조트
the branch office in a nearby city 인근 도시에 있는 지사

08 analyze

U.S. [ǽnəlàiz]

v. 분석하다, 연구하다

The auditor must **analyze** the company records to find out where capital is being wasted.

collect and analyze data 자료를 수집하고 분석하다
analyze the marketing data fully
마케팅 자료를 상세히 분석하다

09 income

U.S. [ínkʌm]

n. 수입, 소득

My brother increased his **income** by accepting a part-time job in the evening.

an annual income 연간 수입, 소득
incomes statements 소득 내역서

---

05 그 회사는 도시의 서쪽 끝에 두 번째 보관 시설을 열었다.
06 고객들은 Henry's Fine Clothing에서 쇼핑할 때, 탁월한 서비스를 받는 것에 익숙해져 있다.
07 우리가 만나서 점심을 먹을 수 있는 여러 훌륭한 식당들이 회사 근처에 있다.
08 회계 감사관은 자금이 어디서 낭비되고 있는지를 알아내기 위해 회사 기록을 분석해야 한다.
09 내 남동생은 저녁 파트타임 일을 함으로써 수입을 늘렸다.

10 confident

U.S. [kάnfədənt]
U.K. [kɔ́nfədənt]

adj. 확신하는, 대담한

I am **confident** that our corporation can improve its sales through an aggressive marketing campaign.

 기출 엿보기
be confident that절 ~라는 것을 확신하다
be confident of[in, with] ~에 대해 확신하다

11 reward

U.S. [riwɔ́ːrd]
U.K. [riwɔ́ːd]

v. 보답하다
n. 보상, 포상

The CEO **rewarded** her staff by taking them out for dinner at a fancy restaurant.

 기출 엿보기
as a reward for hard work 열심히 일한 보답으로
reward by[with] ~로 보상해 주다[보상하다]

12 contain

U.S. [kəntéin]

v. (그릇 · 장소에) 포함하다, 들어 있다

The customer survey will **contain** 30 questions that will give us important feedback.

 기출 엿보기
contain information 정보를 포함하다
contain a referral and a full abstract
조회 내용과 전체 개요를 포함하다

13 detailed

U.S. [díːteild]

adj. 세부적인, 상세한

Eco Magazine has published a **detailed** review of South Korea's business schools in their latest issue.

 기출 엿보기
a more detailed statistical analysis 좀 더 자세한 통계 분석
provide detailed market forecasts and consumer survey data 상세한 시장 전망과 소비자 조사 자료를 제공하다

---

10 나는 우리 회사가 공격적인 마케팅 캠페인을 통해 판매를 증가시킬 수 있으리라 자신한다.
11 그 최고경영자는 고급 레스토랑에서 직원들에게 저녁을 대접함으로써 보상을 했다.
12 고객 여론 조사는 우리에게 중요한 피드백을 줄 30가지 문항을 포함한다.
13 *Eco Magazine*은 최신 호에서 한국의 경영 대학원에 대한 상세한 평을 실었다.

14 **warn**

U.S. [wɔːrn]
U.K. [wɔːn]

v. 경고하다

The consultant **warned** the manufacturing department that they were wasting too much material during production.

warn A of B A에게 B에 대해 경고하다
without warning 갑자기

15 **attempt**

U.S. [ətémpt]

v. 시도하다
n. 시도, 기도

General Industries will **attempt** to increase its profits through an aggressive advertising campaign.

make an attempt 시도하다
attempt to + 동사원형 ~하려고 시도하다

16 **option**

U.S. [ápʃən]
U.K. [ɔ́pʃən]

n. 선택(권), 선택지

Consumers interested in purchasing a navigational system for their vehicles are faced with several **options**.

have no option but to ~하는 수밖에 없다
leave A with no option A에게 선택권을 주지 않다, 강제로 ~하다

17 **flexible**

U.S. [fléksəbəl]

adj. 탄력적인, 구부리기 쉬운

Unfortunately, my employer is not very **flexible** when I ask for time off.

a flexible plan 융통성 있는 계획
introduce flexible working hours
탄력적인 근무 시간제를 도입하다

---

14 그 고문은 제조 부서가 생산 과정에서 너무 많은 재료를 사용하고 있다고 경고했다.
15 General 산업은 적극적인 광고 캠페인을 통해 수익을 증대하려고 시도할 것이다.
16 차에 장착하는 네비게이션 장치를 구매하는 데 관심이 있는 소비자들은 여러 가지 선택권이 있다.
17 불행히도 우리 고용주는 시간을 빼달라고 요청할 때 그렇게 융통적이지 않다.

18 contribute

U.S. [kəntríbjut]

v. 기여하다, 공헌하다,
(돈 등을) 기부하다

Yesterday, the Grain Board announced it will **contribute** $200,000 to help support unemployed farmers.

기출 엿보기
contribute for ~에게 기부하다
contribute A to B A를 B에게 주다, 기부하다

19 part

U.S. [pɑːrt]

U.K [pɑːt]

n. 일부, 부품, 역할

Part of the manufacturing budget could be used to upgrade the assembly line.

기출 엿보기
as part of ~의 일환으로
play one's part ~의 맡은 바를 다하다, 본분을 다하다

20 identical

U.S. [aidéntikəl]

adj. 동일한, 일치하는

Although these shirts seem **identical**, the one on the left was made from recycled cloth.

기출 엿보기
identical to[with] ~와 동일한
sell identical merchandise 동일한 제품을 팔다

21 project

U.S. [prɑ́dʒekt]

U.K [prɔ́dʒekt]

n. 계획, 설계, 사업
v. 계획하다, 추정하다

The goal of our **project** is to modify production methods and improve our profit margin.

기출 엿보기
a highly profitable project 엄청난 수익을 내는 프로젝트
a research project 연구 작업

---

18 어제 Grain Board는 실직 농민 지원을 돕기 위해 20만 달러를 기부할 것이라고 발표했다.
19 제작 예산의 일부는 조립 라인을 업그레이드하는 데 사용될 수 있다.
20 비록 이 셔츠는 똑같아 보이지만 왼쪽에 있는 것은 재활용 천으로 만든 것이었다.
21 우리 프로젝트의 목표는 생산 방식을 수정하고 수익 마진을 높이는 것이다.

22 legal

U.S. [líɡəl]

adj. 합법적인, 법률의

Although **legal** fees can be expensive, it is advisable to consult a lawyer before signing any contract.

기출 엿보기
take legal action 법적 조치를 취하다
be signed by a legal guardian 후견인의 서명을 받다

23 donate

U.S. [dóuneit]
U.K. [dounéit]

v. 기부하다, 기증하다

KRL Industry is happy to **donate** $10,000 to the Gary Foundation to help the fight against cancer.

기출 엿보기
donate for ~를 위해 기부하다
donate A to B A를 B에 기부하다

24 receipt

U.S. [risí:t]

n. 영수증, 수령, 수취

Our company policy states that we cannot refund your purchase without the original **receipt**.

기출 엿보기
on receipt ~을 받는 즉시
the date of receipt 수령일

25 moderate

U.S. [má:dərət]
U.K. [mɔ́dərət]

adj. 적당한, 온건한

Last year's line of sportswear and hiking boots was a **moderate** success for the company.

기출 엿보기
moderate in ~에 관해서 온건한
moderate prices 적당한 가격

26 emphasize

U.S. [émfəsàiz]

v. 강조하다

This part of the training program will **emphasize** the importance of effective communication techniques.

기출 엿보기
emphasize that절 ~라는 것을 강조하다
emphasized in the advertisement 광고에 강조된

---

22 법적 비용이 비쌀 수도 있지만 계약서에 서명하기 전에 변호사와 상담하는 것을 권고합니다.
23 KRL 산업은 암과의 투쟁을 돕기 위해 Gary 재단에 만 달러를 기증하게 되어 기쁩니다.
24 저희 회사 정책상, 영수증 원본이 없으면 구매에 대해 환불해 드릴 수 없습니다.
25 운동복과 등산화의 작년 상품은 회사에게는 중간 정도의 성공이었다.
26 연수 프로그램의 이 부분은 효과적인 의사소통 기술의 중요성을 강조할 것이다.

27 value
U.S. [vǽljuː]

n. 가치, 가격, 대가
v. 평가하다

The **value** of the American dollar has dropped considerably over the past six months.

기출 엿보기
drop[rise] in value 가치가 떨어지다[오르다]
market[currency] value 시장[환율] 가치

28 rapid
U.S. [rǽpid]

adj. 빠른, 신속한

The **rapid** fall in revenue can be attributed to a weakened economy and consumer uncertainty.

기출 엿보기
at a rapid rate of ~의 빠른 비율로
undergo a period of rapid expansion 빠른 발전 시기를 겪다

29 lack
U.S. [læk]

n. 부족, 결핍
v. 모자라다, 결핍하다

A serious **lack** of motivation has caused the office staff to behave negligently and unprofessionally.

기출 엿보기
lack of ~의 부족
a lack of detailed information 세부 정보의 부족

30 express
U.S. [iksprés]

v. 표현하다, 나타내다
n. (열차 · 버스 등의) 급행, 속달 우편

I would like to **express** my thanks to everybody in the accounting department for their hard work.

기출 엿보기
by express 속달 우편으로
express concern 우려를 표하다

---

27 미국 달러화 가치가 지난 6개월 동안 상당히 하락했다.
28 수익의 급격한 하락은 약화된 경제와 소비자 불확실성이 원인일 수 있다.
29 심각한 동기 부족은 사무실 직원들이 나태하고 비전문적으로 행동하게 하는 원인이 되었다.
30 저는 성실하게 일해준 모든 회계부 직원들에게 감사를 표하고 싶습니다.

Check-up ◀

🎧 Listen and fill in the blanks with the correct words. 🔊 MP3

01 We often ask _____ for feedback on how to improve our company's service.

02 Customers are _____ to receiving unsurpassed service when they shop at Henry's Fine Clothing.

03 The auditor must _____ the company records to find out where capital is being wasted.

04 The customer survey will _____ 30 questions that will give us important feedback.

05 Consumers interested in purchasing a navigational system for their vehicles are faced with several _____.

06 Unfortunately, my employer is not very _____ when I ask for time off.

07 Yesterday, the Grain Board announced it will _____ $200,000 to help support unemployed farmers.

08 Our company policy states that we cannot refund your purchase without the original _____.

09 This part of the training program will _____ the importance of effective communication techniques.

10 The _____ of the American dollar has dropped considerably over the past six months.

---

01 우리는 종종 회사의 서비스 향상을 위한 방법에 대해 고객들에게 의견을 묻는다. 02 고객들은 Henry's Fine Clothing에서 쇼핑할 때 탁월한 서비스를 받는 것에 익숙해져 있다. 03 회계 감사관은 자금이 어디서 낭비되고 있는지를 알아내기 위해 회사 기록을 분석해야 한다. 04 고객 여론 조사는 우리에게 중요한 피드백을 줄 30가지 문항을 포함한다. 05 차에 장착하는 네비게이션 장치를 구매하는 데 관심이 있는 소비자들은 여러 가지 선택권이 있다. 06 불행히도 우리 고용주는 시간을 빼달라고 요청할 때 그렇게 융통적이지 않다. 07 어제 Grain Board는 실직 농민 지원을 돕기 위해 20만 달러를 기부할 것이라고 발표했다. 08 저희 회사 정책상, 영수증 원본이 없으면 구매에 대해 환불해 드릴 수 없습니다. 09 연수 프로그램의 이 부분은 효과적인 의사소통 기술의 중요성을 강조할 것이다. 10 미국 달러화 가치가 지난 6개월 동안 상당히 하락했다.

Day 12

01 credit
U.S. [krédit]

v. (계좌에) 돈을 입금하다, 믿다
n. 평판, 명예

The accounting department **credited** $300 into the clients' account after they were overcharged.

on credit 외상(신용)으로
take credit for ~에 대해 인정받다, 칭찬받다

02 extra
U.S. [ékstrə]

adj. 여분의, 추가의

Our company offers affordable warehouse space complete with electricity and water for no **extra** charge.

work extra hours 시간 외 근무를 하다
at no extra charge 별도의 수수료 없이

03 fully
U.S. [fúli]

adv. 충분히, 완전히

Investors were made **fully** aware of the company's decision to downsize operations last night.

be fully satisfied 매우 만족하다
become fully operational 완전히 작동 가능하다

04 refuse
U.S. [rifjúːz]

v. 거절하다

It would be ridiculous to **refuse** the offer you received to become the new purchasing manager.

refuse to + 동사원형 ~하는 것을 거절하다
refuse completely 단호히 거절하다

---

01 회계부는 과잉 청구된 300달러를 고객 계좌로 넣어주었다.
02 우리 회사는 추가 비용 없이 전기와 수도가 완비된 저렴한 창고 공간을 제공한다.
03 투자자들은 어젯밤에 경영을 축소한다는 회사측의 결정을 충분히 인식할 수밖에 없었다.
04 네가 제안받은 새로운 구매 관리직의 제안을 거절하는 것은 어리석은 짓일 것이다.

05 factor

U.S. [fǽktər]

U.K. [fǽktə(r)]

n. 요소, 원인

Increased business expenses and taxes were the primary **factors** in our decision to raise prices.

 기출 엿보기
factor in ~의 요인
a critical[crucial, determining] factor 결정적 요인

---

06 active

U.S. [ǽktiv]

adj. 적극적인, 활발한

Your cellular phone will become **active** once I input your information into our computer system.

 기출 엿보기
active in ~에 적극적인
conduct an active search 적극적인 탐색 활동을 하다

---

07 politely

U.S. [pəláitli]

adv. 공손히, 예의 바르게

The new regional director of operations greeted me **politely** when we were introduced yesterday.

 기출 엿보기
ask for a help politely 도움을 정중하게 요청하다
reassure upset customers politely
화가 난 고객들을 공손하게 안심시키다

---

08 acquire

U.S. [əkwáiər]

U.K. [əkwáiə(r)]

v. 매입하다, 취득하다

EcoFuel Inc. is attempting to **acquire** several thousand solar panels for a new research project.

기출 엿보기
acquire A from B A를 B로부터 얻다
acquire 20 new retail outlets
20개의 새로운 소매점을 인수하다

---

09 matter

U.S. [mǽtər]

U.K. [mǽtə(r)]

n. 문제

v. 중요하다

The management team will settle this **matter** after the auditor makes his recommendations.

기출 엿보기
a matter of ~에 관한 문제
(as) a matter of fact 실제, 사실상

---

05 증가한 사업 비용과 세금은 가격 인상 결정의 주요한 요소였다.
06 제가 컴퓨터 시스템에 당신 정보를 입력하면 당신의 휴대폰이 활성화될 겁니다.
07 어제 우리가 인사할 때, 신임 지역 운영 팀장은 나를 정중하게 맞아주었다.
08 EcoFuel 사는 새로운 연구 프로젝트를 위한 수천의 태양열 전지 패널을 확보하려 하고 있다.
09 경영팀은 감사관이 권고를 하면, 이후 이 문제를 해결할 것이다.

10 consistent

[U.S.] [kənsístənt]

adj. 시종 일관된

The Italian restaurant across the street receives great customer reviews on a **consistent** basis.

기출 엿보기
be consistent with ~와 일치하다
be consistent in ~가 일치되다

11 select

[U.S.] [silékt]

v. 선택하다, 고르다
adj. 고른, 추려낸

We were asked to **select** which soda customers preferred: four out of five choose our brand.

기출 엿보기
select as ~로 선택하다
select from among ~가운데서 고르다

12 appoint

[U.S.] [əpɔ́int]

v. 지명하다, 임명하다

HGH Hightower has recently **appointed** Mrs. Lin as its new regional director of sales.

기출 엿보기
appoint to ~에 임명하다
appoint A as B A를 B로 임명하다
a newly appointed chairman 새로 임명된 위원회 의장

13 order

[U.S.] [ɔ́ːrdər]
[U.K.] [ɔ́ːdə(r)]

n. 주문(품)
v. 주문하다

The purchasing department placed an **order** with the office supply company on Thursday.

기출 엿보기
arrange in alphabetical order 알파벳 순서로 정리하다
within 48 hours of the time you order
주문한 지 48시간 이내에

---

10 길 건너 이탈리아 식당은 시종 일관 훌륭한 고객 평가를 받는다.
11 우리는 고객들이 어떤 탄산 음료를 선호하는지 고르라고 요청했는데 5명 중 4명이 우리 브랜드를 골랐다.
12 HGH Hightower는 최근에 Lin 씨를 새로운 지역 판매 담당자로 임명했다.
13 구매부는 목요일에 사무 용품 회사에 주문을 했다.

14 compare

U.S. [kəmpέər]
U.L. [kəmpeə(r)]

v. 비교하다, 비유하다, 필적하다

 compare A to B A를 B에 비유하다
compare A with B A와 B를 비교하다

The geologist **compared** several mining operations before concluding which one might be a profitable investment.

15 paycheck

U.S. [péitʃèk]

n. 급여

 paycheck system 급여 제도
release paycheck 급료를 지급하다

I have asked the payroll department to forward my final **paycheck** to my home address.

16 following

U.S. [fɑ́louiŋ]
U.L. [fɔ́ləuiŋ]

prep. ~의 후에
adj. 다음의

 the following year 그 다음 해
following the approval of the new business plan
새로운 사업 계획의 승인에 이어

The meeting will reconvene in the board room at 12:45 p.m. **following** our lunch break.

17 differ

U.S. [difər]
U.L. [difə(r)]

v. 다르다, 의견을 달리하다

 differ from[in] ~와[~에서] 다르다
differ considerably[greatly, markedly, widely]
상당히 다르다

Advertised specials and other promotional offers may **differ** from one location to another.

18 rate

U.S. [reit]

n. 요금, 비율
v. 평가하다, 평가되다

 growth[interest] rate 성장률[이자율]
at a[the] rate of ~의 비율로, ~의 가격으로

Taxi companies have announced that they will be raising their **rates** in the new year.

---

14 그 지질학자는 어떤 것이 수익성 있는 투자인지 결론짓기 전에 여러 채굴 작업을 비교해 보았다.
15 나는 내 마지막 급료를 집 주소로 보내달라고 경리부에 요청했다.
16 회의는 점심 시간 후인 12시 45분에 이사실에서 다시 열릴 것이다.
17 광고에 나온 특가품과 다른 판촉 상품들은 지역에 따라 다를 수 있다.
18 택시 회사들은 다음 해에 요금을 올릴 것이라고 발표했다.

19 industrial
ᴜ.ꜱ. [indʌstriəl]

adj. 산업의

Britain's **Industrial** Revolution in the 18th century radically transformed the textile industry.

 기출
엿보기
industrial waste 산업 폐기물
for industrial use 산업용으로

20 encourage
ᴜ.ꜱ. [enkə́:ridʒ/in-]
ᴜ.ᴋ. [inkʌ́ridʒ]

v. 용기를 북돋우다,
격려하다, 촉진하다

We strongly **encourage** all of our employees to learn every aspect of our business.

 기출
엿보기
encourage A to do A가 ~하도록 장려하다
encourage employees to work efficiently
직원들이 효율적으로 일하도록 장려하다

21 likely
ᴜ.ꜱ. [láikli]

adj. ~할 것 같은, 있음 직한
adv. 아마

It's very **likely** that I'll accept the job offer I received from Picone & Associates.

 기출
엿보기
be likely to do[that절] ~할 것 같다
be likely to increase overall productivity
전체적인 생산성이 증가할 것 같다

22 feature
ᴜ.ꜱ. [fíːtʃər]
ᴜ.ᴋ. [fíːtʃə(r)]

v. 특색으로 삼다, 특징을 이루다
n. 특징, 특색

The conference **featured** several exhibits on the practical uses of solar power and wind energy.

 기출
엿보기
a distinctive feature 구별되는 특징
make a feature of ~을 볼거리로 삼다, ~을 주요 특색으로 삼다

19 18세기 영국의 산업 혁명은 직물 산업을 철저히 변화시켰다.
20 우리는 사업의 모든 면에 대해 전 직원이 배우도록 강력히 장려한다.
21 나는 Picone & Associates에서 받은 일자리 제안을 수락할 가능성이 높다.
22 그 회의는 태양열 발전과 풍력 에너지의 실용적인 사용에 관한 여러 전시를 특색으로 하였다.

23 wage

U.S. [weidʒ]

n. 임금, 급료

The management insisted on a **wage** cut or freeze this year.

기출 엿보기 🔍 wage increases 임금 인상
get a better wage 보수를 더 받다

24 mounting

U.S. [máuntiŋ]

adj. 증가하는, 오르는

Several businesses in my neighborhood were forced to declare bankruptcy because of **mounting** debt.

 mounting pressure 증가하는 압력
raise mounting concerns 큰 걱정을 야기시키다

25 halt

U.S. [hɔːlt]

n. 중단, 정지
v. 정지시키다

I was unable to **halt** the payment before the bank processed the check.

기출 엿보기 🔍 come to a halt 정지하다, 멈추다
bring A to a halt A를 중단시키다, 정지시키다

26 reference

U.S. [réfərəns]

n. 참조, 참고, 추천서

The CEO made **reference** to Greek mythology in his speech at last week's conference.

 with reference to ~에 관하여
a letter of reference 추천서

---

23 경영진은 올해 임금 삭감이나 동결을 고집했다.
24 내가 사는 지역의 여러 기업들은 늘어나는 빚 때문에 파산을 선언할 수밖에 없었다.
25 나는 은행이 수표를 처리하기 전에 지급을 정지할 수 없었다.
26 그 최고 경영자는 지난주 회의의 연설에서 그리스 신화를 언급했다.

27 realistic
U.S. [riːəlístik]

adj. 현실적인

It's not **realistic** to expect the data processing team will finish inputting the information by Friday.

 기출 엿보기
realistic about ~에 대해 현실적인
a realistic proposal 현실적인 제안

28 elected
U.S. [iléktid]

adj. 선출된

The newly **elected** official will attempt to push for increased regulation in the oil industry.

기출 엿보기
if elected 선출되면
an elected official 선출된 공무원

29 worsen
U.S. [wɔ́ːrsən]
U.K. [wəːsən]

v. 악화시키다, 악화되다

Economists are hoping that the economic climate does not continue to **worsen** over the next year.

30 translation
U.S. [trænsléiʃən]

n. 번역, 해석

The IT department recommends that we use LANTRAN as our company's official **translation** software.

 기출 엿보기
do[make] a translation 번역하다
a translation from A into B A에서 B로 번역

---

27 자료 처리팀이 금요일까지 정보를 처리하는 것을 끝 마치기를 기대하는 것은 현실적이지 않다.
28 새로 선출된 관리는 석유 산업에 더 많은 규제를 가할 것을 요구하려고 할 것이다.
29 경제학자들은 경제 환경이 내년에 계속해서 악화되지 않기를 바라고 있다.
30 IT 부서는 회사의 공식 번역 소프트웨어인 LANTRAN을 사용하라고 권한다.

Check-up ◀

🎧 Listen and fill in the blanks with the correct words. ◎MP3

01 It would be ridiculous to _____ the offer you received to become the new purchasing manager.

02 Increased business expenses and taxes were the primary _____ in our decision to raise prices.

03 The management team will settle this _____ after the auditor makes his recommendations.

04 The Italian restaurant across the street receives great customer reviews on a _____ basis.

05 HGH Hightower has recently _____ Mrs. Lin as its new regional director of sales.

06 Economists are hoping that the economic climate does not continue to _____ over the next year.

07 The meeting will reconvene in the board room at 12:45 p.m. _____ our lunch break.

08 Taxi companies have announced that they will be raising their _____ in the new year.

09 Several businesses in my neighborhood were forced to declare bankruptcy because of _____ debt.

10 It's not _____ to expect the data processing team will finish inputting the information by Friday.

01 네가 제안받은 새로운 구매 관리직의 제안을 거절하는 것은 어리석은 짓일 것이다. 02 증가한 사업 비용과 세금은 가격 인상 결정의 주요한 요소였다. 03 경영팀은 감사관이 권고를 하면, 이후 이 문제를 해결할 것이다. 04 건너 이탈리아 식당은 시종 일관 훌륭한 고객 평가를 받는다. 05 HGH Hightower는 최근에 Lin 씨를 새로운 지역 판매 담당자로 임명했다. 06 경제학자들은 경제 환경이 내년에 계속해서 악화되지 않기를 바라고 있다. 07 회의는 점심 시간 후인 12시 45분에 이사실에서 다시 열릴 것이다. 08 택시 회사들은 다음 해에 요금을 올릴 것이라고 발표했다. 09 내가 사는 지역의 여러 기업들은 늘어나는 빚 때문에 파산을 선언할 수밖에 없었다. 10 자료 처리팀이 금요일까지 정보를 처리하는 것을 끝 마치기를 기대하는 것은 현실적이지 않다.

Day 13

🎧 MP3

---

01 currency

U.S. [kə́ːrənsi/kʌ́r-]
U.K. [kʌ́rənsi]

n. 화폐, 통화, 유통

The foreign exchange market is a network of traders that buy and sell **currency**.

 기출
엿보기
currency exchange 환전
call in[withdraw] currency 통화를 회수하다

---

02 annual

U.S. [ǽnjuəl]

adj. 매년의, 해마다의

The **annual** fiscal report demonstrates that revenues have improved by 14% over last year.

 기출
엿보기
annual report 연례 보고서
annual growth rate 연간 성장률

---

03 poorly

U.S. [púərli]
U.K. [pɔ́ːli]

adv. 부족하게, 서툴게

Economists are anticipating that the stock market will perform **poorly** for some time.

 기출
엿보기
speak very poorly 말이 서투르다
poorly maintained building 형편없이 관리된 건물

---

04 remind

U.S. [rimáind]

v. 상기시키다, 일깨우다

The company's computer software automatically **reminds** employees when weekly department meetings will be held.

 기출
엿보기
remind A to + 동사원형 A에게 ~하라고 일러주다
remind A of B[that절] A에게 B를 상기시키다

---

01 외환 시장은 화폐를 사고 파는 거래자들의 네트워크이다.
02 연례 재무 보고는 수입이 작년에 14% 증가했음을 입증한다.
03 경제학자들은 주식 시장이 얼마간 고전할 것이라고 예상하고 있다.
04 회사 컴퓨터 소프트웨어는 주간 부서 회의가 언제 열리는지를 자동적으로 직원들에게 알려준다.

05 finding
ᴜ.ꜱ. [fáindiŋ]

n. (보통 pl.) 조사 결과, 발견

The analyst's **findings** suggest that if we can improve employee moral, productivity will increase.

exchange the findings 결과물을 교환하다
evaluate the findings accurately
조사 결과를 정확히 평가하다

06 continuous
ᴜ.ꜱ. [kəntínjuəs]

adj. 계속되는, 지속적인

The 24-hour news station displays **continuous** updates on how the stock market is performing.

be continuous with ~와 연관되어 있다
continuous improvements in technology
기술의 지속적인 발전

07 randomly
ᴜ.ꜱ. [rǽndəmli]

adv. 무작위로, 임의로

One of our lucky customers will be **randomly** selected to receive a $250 shopping spree.

08 admit
ᴜ.ꜱ. [ædmít/əd-]
ᴜ.ᴋ. [ədmit]

v. (사람·사물을) 들이다, 인정하다

Security will not **admit** anyone into the nuclear power station without the proper identification card.

admit that ~라는 사실을 인정하다
be admitted free 무료로 입장하다

09 maximum
ᴜ.ꜱ. [mǽksəməm]

adj. 최대한의
n. 최대

This mutual fund's **maximum** rate of return is expected to be 7.6% over a ten-year period.

maximum price (허용된) 최고 가격
a maximum of five years of experience 최대 5년의 경력

---

05 그 분석가의 조사 결과는 우리가 직원 사기를 높일 수 있다면 생산성이 증가할 것이라고 제안한다.
06 24시간 뉴스 방송국은 주식 시장이 어떻게 돌아가는지 계속 최신 정보를 제공해주고 있다.
07 운이 좋은 우리 고객들 중 한 명이 무작위로 추첨되어 250달러의 쇼핑 비용을 받을 것이다.
08 보안과에서 적합한 신분증이 없이는 핵발전소에 누구도 출입시키지 않을 것이다.
09 이 뮤추얼 펀드의 최대 이익률은 10년간 7.6%가 될 것으로 예상된다.

10 demand

U.S. [diménd]
U.K. [dimá:nd]

n. 요청, 요구, 수요
v. 요구하다

The **demand** for our T-shirts increased after several celebrities were spotted wearing them.

 기출 엿보기
on demand 요구(수요)가 있는 즉시
meet the demand 요구를 충족시키다

11 repair

U.S. [ripέər]
U.K. [ripéə(r)]

v. 수리하다, 회복하다
n. 수선, 수리, 회복

The maintenance team was able to **repair** the window which was damaged by the storm.

 기출 엿보기
make repairs to ~을 수리하다
beyond repair 수리할 가망이 없는

12 appreciate

U.S. [əprí:ʃièit]

v. 감사하다, 인정하다

I **appreciate** that you helped me finish organizing the financial report for the purchasing manager.

 기출 엿보기
be appreciated for (~로) 인정받다
appreciate deeply[greatly, sincerely] 깊이 감사하다

13 outcome

U.S. [áutkʌm]

n. 결과, 결론

The investment group was enthusiastic with the **outcome** of the company's third quarter sales.

기출 엿보기
determine the outcome 결말을 짓다
the outcome of the economic slowdown
경기 침체의 결과

---

10 여러 유명 인사들이 우리 티셔츠를 입은 모습이 포착된 이후로 티셔츠에 대한 수요가 증가했다.
11 보수 관리팀은 폭풍으로 손상된 창문을 수리할 수 있었다.
12 구매 담당자에게 제출할 재무 보고서 구성을 마칠 수 있게 도와주셔서 감사드립니다.
13 투자 그룹은 회사의 3분기 판매 결과에 열광적이었다.

14 relatively

U.S. [rélətivli]

adv. 상대적으로

Although the chocolate store was popular in the small town, it was **relatively** unknown elsewhere.

 기출 엿보기

relatively new[low] 비교적 새로운[낮은]
a relatively poor performance 상대적으로 좋지 않은 실적

---

15 concentrate

U.S. [kánsəntrèit]
U.K. [kɔ́nsəntreit]

v. 집중하다, 집중시키다

Ted feels that we should **concentrate** on finishing the financial report instead of the inventory report.

 기출 엿보기

concentrate A on B A를 B에 집중시키다
properly concentrate on one's work
~의 업무에 적절히 집중하다

---

16 pension

U.S. [pénʃən]

n. 연금

My father received a small government **pension** after he retired five years ago.

 기출 엿보기

a retirement pension 퇴직 연금
draw [receive] a pension 연금을 받다

---

17 harsh

U.S. [hɑːrʃ]

adj. 혹독한, (조건 · 환경이)
어려운

The CEO's **harsh** appraisal of the logistics department angered many of the warehouse staff.

기출 엿보기

a harsh critic 혹독한 비평가
harsh to [with] ~에게 엄격한

---

14 그 초콜릿 상점은 작은 도시에서는 유명했지만 다른 곳에서는 비교적 알려지지 않았다.
15 Ted는 우리가 재고 현황 보고 대신 재정 보고를 마무리하는 것에 집중해야 한다고 생각한다.
16 우리 아버지는 5년 전 은퇴한 후에 소액의 정부 보조금을 받았다.
17 그 최고 경영자의 물류 부서에 대한 가혹한 평가는 많은 창고 직원들을 화나게 했다.

18 record

U.S. [rékərd]
U.K. [rékɔːd]

adj. 기록적인
n. 기록, 등록

December's **record** sales figures were partly a result of greater exposure to foreign markets.

 기출 엿보기
keep the records of customers' orders
고객들의 주문 기록을 보관하다
a record of the transaction 거래 기록

19 innovative

U.S. [ínouvèitiv]

adj. 혁신적인, 쇄신의

Global Telecommunications has hired some of the most **innovative** young graduates to design its website.

 기출 엿보기
innovative designs 혁신적인 디자인
innovative ideas for new products
신제품에 대한 혁신적인 사고

20 establish

U.S. [istǽbliʃ/es-]
U.K. [istǽbliʃ]

v. (~의 기반을) 확립하다,
(규칙 · 제도 · 법률 등을)
만들다

It is vital to the success of our small business that we **establish** good customer relationships.

기출 엿보기
establish A as B A를 B로 제정하다
establish safety guidelines 안전 기준을 세우다

21 transportation

U.S. [trænspərtéiʃən]
U.K. [trænspɔːtéiʃən]

n. 수송(기관), 운송

With our fleet of trucks, TRL Importers offers the most reliable **transportation** of any wholesaler.

 기출 엿보기
public transportation 대중 교통
airport-to-hotel transportation service
공항 호텔 간 왕복 셔틀 서비스

---

18 12월의 기록적 판매 수치는 부분적으로 외국 시장에 더 많이 노출된 결과였다.
19 Global 통신 회사는 웹사이트를 디자인할 가장 혁신적인 젊은 졸업자들 중 몇몇을 고용했다.
20 고객 관계를 잘 구축하는 것이 우리와 같은 소기업의 성공에는 필수적이다.
21 우리 트럭에 대해 TRL Importers 사는 도매상들 중 가장 믿을 만한 운송 서비스를 제공한다.

22 mature

U.S. [mətʃúər/-tʃúər]

adj. 성숙한, 분별 있는

Chateau Noveau has designed a new line of evening wear for **mature** women.

 mature for ~에 비해서 성숙한
emotionally[mentally] mature 정서적으로[정신적으로] 성숙한

---

23 improve

U.S. [imprúːv]

v. 개선시키다, 개선되다

We may be able to **improve** our store revenue by holding a large sale.

 improve on[upon] + 사물 ~을 개선하다
improve productivity[efficiency] 생산성[효율성]을 개선하다

---

24 workout

U.S. [wɔ́ːrkàut]
U.K. [wɔ́ːkàut]

n. 훈련, 연습

The Living Man's total-body **workout** is designed to get you into the best shape of your life.

 an intense workout 심한 운동
get[have] a workout 연습하다

---

25 optimistic

U.S. [àptəmístik]
U.K. [ɔ́ptəmistik]

adj. 낙관적인

The company's rapid growth over the past two quarters has left investors feeling **optimistic**.

 be optimistic about + 명사[that절]
~에 대해 낙관적인[~라는 점을 낙관하다]
be cautiously optimistic about
~에 대해 조심스럽게 낙관하다

---

26 inhabit

U.S. [inhǽbit]

v. 살다, 거주하다

Eliminating pests that may **inhabit** our food storage warehouse is a primary concern for our company.

---

22 Chateau Noveau는 성인 여성용 야회복의 신상품을 디자인했다.
23 우리는 대폭 세일함으로써 상점 수입을 증가시킬 수 있을지도 모른다.
24 The Living Man의 전신 운동은 여러분의 삶에서 가장 멋진 몸매를 만들어주기 위해 고안되었습니다.
25 지난 2분기 동안 회사의 빠른 성장은 투자자들이 낙관적인 생각을 갖도록 했다.
26 우리 식품 저장 창고에 서식할지도 모르는 해충을 제거하는 것이 우리 회사의 주요 관심사이다.

27 relief

U.S. [rilíːf]

n. 경감, 안도, 구제

Unemployment and welfare are government programs that provide **relief** to those who lose their jobs.

기출 엿보기
in relief 안도감에
relief from ~의 경감

28 reasonable

U.S. [ríːzənəbəl]

adj. 합리적인, 비싸지 않은

Rebecca's solution to the problem of overspending seems **reasonable**, but we must still convince Mr. Sawyer.

기출 엿보기
at a reasonable price 저렴한 가격에
reasonable airfare rates 적당한 항공료

29 equal

U.S. [íːkwəl]

adj. 같은
v. ~와 같다

Equal opportunity employers do not discriminate based on age, sex, ethnicity, or physical disability.

기출 엿보기
equal to ~와 같은
be equal to + (동)명사 ~할 능력이 있다

30 disappoint

U.S. [dìsəpɔ́int]

v. 실망시키다,
기대에 어긋나다

I am sorry to **disappoint** you, but that item is currently out of stock.

기출 엿보기
be disappointed with[at] ~에 실망하다
disappoint bitterly[deeply] 크게 실망시키다

---

27 실업과 복지는 실직자들에게 위안을 제공하는 정부 프로그램이다.
28 과도한 지출 문제에 대한 Rebecca의 해결책은 합리적으로 보이지만 우리는 여전히 Sawyer 씨를 설득해야 한다.
29 평등한 기회를 제공하는 고용주는 나이, 성별, 국적, 또는 신체 장애를 근거로 차별하지 않는다.
30 실망시켜 드려서 죄송하지만 그 상품은 현재 재고가 없습니다.

Check-up

Listen and fill in the blanks with the correct words. ⓒMP3

01 The foreign exchange market is a network of traders that buy and sell
_____ .

02 The company's computer software automatically _____
employees when weekly department meetings will be held.

03 The 24-hour news station displays _____ updates on how the
stock market is performing.

04 Security will not _____ anyone into the nuclear power station
without the proper identification card.

05 I _____ that you helped me finish organizing the financial report
for the purchasing manager.

06 Although the chocolate store was popular in the small town, it was
_____ unknown elsewhere.

07 My father received a small government _____ after he retired five
years ago.

08 Global Telecommunications has hired some of the most _____
young graduates to design its website.

09 We may be able to _____ our store revenue by holding a large
sale.

10 Rebecca's solution to the problem of overspending seems _____ ,
but we must still convince Mr. Sawyer.

01 외환 시장은 화폐를 사고 파는 거래자들의 네트워크이다. 02 회사 컴퓨터 소프트웨어는 주간 부서 회의가 언제 열리는지를 자동적으로 직원들에게 알려준다. 03 24시간 뉴스 방송국은 주식 시장이 어떻게 돌아가는지 계속 최신 정보를 제공해주고 있다. 04 보안과에서 적합한 신분증이 없이는 핵발전소에 누구도 출입시키지 않을 것이다. 05 구매 담당자에게 제출할 재무 보고서 구성을 마칠 수 있게 도와주셔서 감사드립니다. 06 그 초콜릿 상점은 작은 도시에서는 유명했지만 다른 곳에서는 비교적 알려지지 않았다. 07 우리 아버지는 5년 전 은퇴한 후에 소액의 정부 보조금을 받았다. 08 Global 통신 회사는 웹사이트를 디자인할 가장 혁신적인 젊은 졸업자들 중 몇몇을 고용했다. 09 우리는 대폭 세일함으로써 상점 수입을 증가시킬 수 있을지도 모른다. 10 과도한 지출 문제에 대한 Rebecca의 해결책은 합리적으로 보이지만 우리는 여전히 Sawyer 씨를 설득해야 한다.

Day 14

01 fund
U.S. [fʌnd]

n. 자금
v. 자금을 공급하다

Fabutoy Industries has established a charitable **fund** dedicated to helping underprivileged children.

 raise funds 재원을 확보하다
be funded by ~의 자금 지원을 받다

02 courteous
U.S. [kə́:rtiəs]
U.K. [kə́:tiəs]

adj. 친절한, 예의 바른

Our **courteous** sales staff is available to help you resolve any problems that may arise.

 in a courteous manner 예의 바른 태도로
courteous to[towards, with] ~에 대해 예의 바른

03 regrettably
U.S. [rigrétəbəli]

adv. 유감스럽게도

Regrettably, the company will be required to downsize its operations and may layoff non-essential employees.

04 spot
U.S. [spɑt]
U.K. [spɔt]

v. 발견하다, 파악하다
n. 장소, 얼룩

Seasoned salespeople can easily **spot** which customers are prepared to make their purchase.

hit the spot 만족스럽다, 더할 나위 없다
be on the spot 현장에 있다, 준비가 되어 있다

01 Fabutoy 산업은 불우한 환경에 있는 아이들을 돕는 데 사용될 자선 기금을 마련했다.
02 저희 친절한 판매 사원들이 발생할지 모르는 어떠한 문제도 해결할 수 있도록 도와드립니다.
03 유감스럽게도, 회사는 경영을 축소해야 할 것이며 불필요한 인원을 해고할지도 모른다.
04 노련한 영업 사원은 어떤 고객이 구매를 할지 쉽게 파악할 수 있다.

05 housing

[U.S.] [háuziŋ]

n. 주거, 주택 (공급)

The rise in **housing** prices suggests that the real estate market is improving earlier than expected.

the housing development 주택 단지
an increasing need for affordable housing
저렴한 주택에 대한 요구의 증가

06 diverse

[U.S.] [divə́:rs/dáivə:rs]
[U.K.] [daivə́:s]

adj. 다양한

My financial advisor suggests that I invest in a **diverse** collection of bonds and mutual funds.

diverse range of 다양한
diverse selection standards 다양한 선발 기준

07 repeatedly

[U.S.] [ripí:tidli]

adv. 반복적으로

The technical support team believes the computer system has **repeatedly** crashed because of a hacker.

repeatedly request 재차 요청하다
make the same mistake repeatedly
같은 실수를 되풀이해서 하다

08 agree

[U.S.] [əgrí:]

v. 동의하다, 의견이 일치하다

The negotiations will be successful if the union **agrees** to freeze wages.

기출
엿보기
agree on ~에 대해 합의를 보다
agree with + 사람 ~와 동의하다
agree to + 사실[의견] ~에 동의하다
agree that절[to + 동사원형] ~라는 것에 동의하다

---

05 주택 가격 상승은 부동상 시장이 예상보다 일찍 개선되고 있다는 것을 보여준다.
06 내 재정 고문은 채권과 뮤추얼 펀드로 다양하게 구성하여 투자하라고 제안한다.
07 기술 지원팀은 해커 때문에 컴퓨터 시스템이 반복적으로 다운되었다고 생각한다.
08 노조가 임금을 동결하는 데 동의한다면, 협상은 성공적일 것이다.

09 fascinating

U.S. [fǽsənèitiŋ]

adj. 매혹적인, 황홀한

Mr. Moldar's speech about what makes a business succeed in today's marketplace was **fascinating**.

 기출 엿보기
a fascinating story 아주 재미 있는 이야기
find a movie fascinating 영화가 아주 흥미롭다고 생각하다

10 separate

U.S. [sépərèit]

v. 분리하다, 가르다, 분리되다
adj. 별도의, 갈라진

Please **separate** the research team into two groups and have them work on different projects.

 기출 엿보기
separate (A) from B (A를) B로부터 분리시키다
in their separate ways 각기 다른 방식으로

11 assemble

U.S. [əsémbəl]

v. 조립하다, 조립되다
n. 조립

Sotele Communications is hoping to **assemble** an innovative group of young technicians to develop new cellular technology.

 기출 엿보기
assemble line 조립 라인
assemble for a meeting 회의를 위해 모이다

12 overview

U.S. [óuvərjù:]
U.K. [əuvərju:]

n. 개요, 설명

The personnel department has distributed a brief **overview** of the company's dental insurance policy.

 기출 엿보기
an overview of ~에 대한 개관, 개요
present an overview of the matter
그 문제에 대한 포괄적인 견해를 말하다

---

09 오늘날 시장에서 사업을 성공시키는 요소에 대한 Moldar 씨의 연설은 인상적이었다.
10 연구팀을 두 그룹으로 나누고, 각각 다른 프로젝트를 맡기세요.
11 Sotele Communications는 새로운 이동 통신 기술을 개발하기 위해 젊은 전문가들로 구성된 혁신적인 그룹을 조직하기를 바라고 있다.
12 인사부는 회사의 치과 보험 약관을 나누어 주었다.

13 **specialize**

U.S. [spéʃəlàiz]

v. 특수화하다, 전문으로 하다

People who **specialize** in finance must always remain up-to-date on the latest financial news.

 specialize in ~을 전문으로 하다

14 **connect**

U.S. [kənékt]

v. 연결하다

Make sure to **connect** the speakers into the stereo system before turning it on.

 connect A to B A를 B에 연결하다
connect A with B A와 B를 연결하다

15 **personnel**

U.S. [pə̀:rsənél]
U.K. [pə̀:sənél]

n. (집합적) 직원, 인원

Upper management is considering the need for significant **personnel** changes in the research department.

 changes in personnel 인사 이동
personnel department[division] 인사부

16 **impressive**

U.S. [imprésiv]

adj. 인상적인, 굉장한

Our profit margin has experienced **impressive** growth, which we expect will continue into the next quarter.

 see impressive gains this quarter
이번 분기에 괄목할 만한 수익을 기록하다

an impressive staff of planners and architects
인상에 남는 설계사와 건축가들

17 **disturbing**

U.S. [distə́:rbiŋ]
U.K. [distə́:biŋ]

adj. 방해가 되는, 교란시키는

I have begun to notice that your staff displays a **disturbing** combination of laziness and ineptitude.

 a disturbing business 방해되는 일
a profoundly disturbing book 대단히 불온한 서적

---

13 경제를 전공하는 사람들은 최신 경제 뉴스에 항상 민감해야 한다.
14 스테레오 시스템을 켜기 전에 스피커와 연결이 되었는지를 확인하시오.
15 고위 관리층은 연구부에 상당한 인사 변화의 필요성을 고려하고 있다.
16 우리는 흑자로 굉장한 성장을 경험했는데, 이것이 다음 분기에도 계속될 것으로 예상한다.
17 저는 당신의 직원들이 방해가 될 만큼 게으름과 부적절함을 보여주고 있음을 눈치채기 시작했습니다.

18 treatment

[U.S.] [trí:tmənt]

n. 취급, 대접, 치료

The insurance company pays for 80% of any medical **treatment** for our employees.

기출 엿보기
preferential treatment 우대
require immediate treatment 즉각적인 치료를 요하다

19 medicinal

[U.S.] [mədísənəl]

adj. 약용의, 치유력이 있는

Authorities have filed a lawsuit against Ajax Water for claiming its bottled water has **medicinal** properties.

기출 엿보기
medicinal substances 약물
have the medicinal effects 의학적 효과가 있다

20 examine

[U.S.] [igzǽmin]

v. 조사하다, 진찰하다, 시험하다

I've finished **examining** the revenue figures, but it'll take time before my report is complete.

기출 엿보기
examine the attached document 첨부된 문서를 검토하다
thoroughly examine all options
모든 선택 사항들을 면밀히 살펴보다

21 workplace

[U.S.] [wɔ́:rkplèis]
[U.K.] [wɔ́:kplèis]

n. 일터, 작업장

The **workplace** safety program is a required course that all employees must attend.

기출 엿보기
at the workplace 직장에서
be ideal for use in the workplace
직장에서 사용하기에 이상적이다

---

18 그 보험 회사는 우리 직원들에게 모든 치료 비용의 80%를 지불한다.
19 당국은 Ajax Water의 생수가 약효 성분이 있다고 주장하면서 Ajax Water에 대한 소송을 제출했다.
20 나는 매출액 조사를 마쳤지만 보고서를 완성하는 데는 시간이 걸릴 것이다.
21 작업장 안전 프로그램은 전 직원이 참여해야 하는 필수 과정이다.

22 include

[U.S.] [inklúːd]

v. 포함하다

Your business model should **include** a detailed analysis of your target market.

include A in B A를 B에 포함시키다
be included in ~에 포함되다

23 remainder

[U.S.] [riméindər]

n. 나머지

Ms. Picardi will be the regional director for the **remainder** of the second quarter.

remainder of the stock 나머지 주식
throughout the remainder of + 기간 ~의 남은 기간 동안

24 practical

[U.S.] [præktikəl]

adj. 현실적인, 적용 가능한

Ms. Gabriel is well known for her **practical** advice about investing in the stock market.

practical in ~에 있어 실용적인
for practical purpose 실제로는

25 justify

[U.S.] [dʒʌstəfài]

v. 정당화하다

I find it difficult to **justify** promoting Tyler because of his poor work ethic.

be justified in + (동)명사 ~하는 것은 당연하다. 정당하다
justify oneself 자기의 행위를 변명하다

26 risk

[U.S.] [risk]

n. 위험, 모험
v. 위태롭게 하다

Many companies have made big gains after taking calculated **risks** in the business world.

at risk 위험에 처한
at one's risk ~가 책임을 지고

---

22 당신의 사업 모델은 목표 시장의 상세한 분석을 포함해야만 합니다.
23 Picardi 씨는 남은 2분기 동안 지역 책임자가 될 것이다.
24 Gabriel 씨는 주식 시장 투자에 대한 실질적인 조언을 제공하는 것으로 유명하다.
25 나는 Tyler의 형편없는 직업 윤리 때문에 그의 승진을 정당화하는 데 어려움을 느낀다.
26 많은 회사들은 사업 세계에서 계산된 위험을 감수한 후에 큰 소득을 얻어왔다.

27 unique

[U.S.] [juːníːk]

adj. 독특한, 유일한

The personnel department advertised jobs, hoping to attract people with **unique** and versatile skills.

unique products 독특한 제품
unique to ~에 특유의, ~에 독특한

28 method

[U.S.] [méθəd]

n. 방법, 방식

Our production **methods** have been improved upon over the course of trial and error.

a method of payment 지불 방식
a method for ~하는 방법

29 honored

[U.S.] [ánərd]
[U.K] [ɔ́nərd]

adj. 명예로운

Mr. Gladey was **honored** to receive the National Business Award for entrepreneur of the year.

in honor of ~에게 경의를 표하여, ~을 기념하여
be honored for ~에 대해 표창 받다

30 outdated

[U.S.] [áutdéitid]

adj. 구식의, 낡은

Our company spent over $25,000 replacing **outdated** equipment with state-of-the-art computers.

replace the outdated equipment 구식 장비를 교체하다
outdated or expired medications
오래 되거나 기한이 지난 약품

---

27 인사부는 독특하고 다재 다능한 기술을 가진 사람들을 모집하기를 바라면서 구인 광고를 냈다.
28 우리의 제조 방식은 시행착오의 과정을 통해 개선되어 왔다.
29 Gladey 씨는 올해의 기업인을 위한 National Business Award를 수상하는 영예를 안았다.
30 우리 회사는 낡은 장비를 최신 컴퓨터로 교체하는 데 2만 5천 달러를 소비했다.

Check-up ◀

🎧 Listen and fill in the blanks with the correct words. ◉MP3

01 Fabutoy Industries has established a charitable _____ dedicated to helping underprivileged children.

02 Our _____ sales staff is available to help you resolve any problems that may arise.

03 The technical support team believes the computer system has _____ crashed because of a hacker.

04 Mr. Moldar's speech about what makes a business succeed in today's marketplace was _____.

05 The personnel department has distributed a brief _____ of the company's dental insurance policy.

06 Mr. Gladey was _____ to receive the National Business Award for entrepreneur of the year.

07 Upper management is considering the need for significant _____ changes in the research department.

08 Our profit margin has experienced _____ growth, which we expect will continue into the next quarter.

09 The _____ safety program is a required course that all employees must attend.

10 Ms. Picardi will be the regional director for the _____ of the second quarter.

---

01 Fabutoy 산업은 불우한 환경에 있는 아이들을 돕는 데 사용될 자선 기금을 마련했다. 02 저희 친절한 판매 사원들이 발생할지 모르는 어떠한 문제도 해결할 수 있도록 도와드립니다. 03 기술 지원팀은 해커 때문에 컴퓨터 시스템이 반복적으로 다운되었다고 생각한다. 04 오늘날 시장에서 사업을 성공시키는 요소에 대한 Moldar 씨의 연설은 인상적이었다. 05 인사부는 회사의 치과 보험 약관을 나누어 주었다. 06 Gladey 씨는 올해의 기업인을 위한 National Business Award를 수상하는 영예를 안았다. 07 고위 관리층은 연구부에 상당한 인사 변화의 필요성을 고려하고 있다. 08 우리는 흑자로 굉장한 성장을 경험했는데, 이것이 다음 분기에도 계속될 것으로 예상한다. 09 작업장 안전 프로그램은 전 직원이 참여해야 하는 필수 과정이다. 10 Picardi 씨는 남은 2분기 동안 지역 책임자가 될 것이다.

Day 15

🎧 MP3

01 ownership
U.S. [óunərʃìp]
U.K. [ə́unəʃip]

n. 소유권

Their company's **ownership** group has changed several times over the past five years.

기출
엿보기
private[public] ownership 사유[공유]
convey[transfer] one's ownership to ~의 소유권을 건네다

02 critical
U.S. [krítikəl]

adj. 비판적인, 결정적인

Analyzing customer feedback is a **critical** step in understanding why our revenues are declining.

기출
엿보기
be critical of ~에 대해 비판적이다
perform critical tasks 중요한 임무를 수행하다

03 separately
U.S. [sépəritli]

adv. 개별적으로, 별도로

The store displays its children's section **separately** from menswear and women's clothing.

기출
엿보기
order separately 따로따로 주문하다
be submitted separately 개별적으로 제출되다

04 stir
U.S. [stə:r]
U.K. [stə:(r)]

v. 휘젓다, 뒤섞다

The company's plan to move its manufacturing operations to Argentina has **stirred** up workers emotions.

기출
엿보기
stir into ~에 뒤섞다
stir a pot of paint 페인트 한 통을 젓다

---

01 그들의 회사의 소유권 단체는 지난 5년간 여러 차례 바뀌었다.
02 고객의 피드백을 분석하는 것은 왜 우리 수익이 감소하는지를 이해하는 결정적인 단계이다.
03 그 상점은 아동복 코너를 남성복 그리고 여성복과는 별도로 전시한다.
04 제조 공장을 아르헨티나로 이전한다는 회사의 계획은 직원들의 감정에 동요를 일으켰다.

05 **process**

U.S. [práses]
U.K. [próuses]

n. 과정, 진행, 경과
v. 가공(저장)하다

The **process** of registering your software must be completed within 30 days of activation.

in the process of ~의 과정 중에
training process 교육 과정

06 **domestic**

U.S. [douméstik]

adj. 국내의, 국산의, 가정의

All international and **domestic** flights have been delayed until further notice due to heavy fog.

strong domestic demand 강한 국내 수요
target the domestic market 국내 시장을 목표로 하다

07 **seriously**

U.S. [síəriəsli]

adv. 진지하게, 심하게

A person should **seriously** consider the career direction they wish to take before accepting any offer of employment.

take A seriously A를 진지하게 받아들이다
be seriously affected by ~에 크게 영향을 받다

08 **aim**

U.S. [eim]

n. 목표, 목적
v. 겨누다

The senior accountant is **aiming** to finish the company's tax return by next week.

aim to + 동사원형 ~할 작정이다
be aimed at ~을 목표로 하다

09 **productivity**

U.S. [pròudʌktívəti]
U.K. [prɔdʌktívəti]

n. 생산성

Employee **productivity** can always be improved by creating a positive and friendly work environment.

staff[employee] productivity 직원 생산성
for maximum productivity 최고의 생산성을 위해

---

05 소프트웨어 등록 절차는 정품 인증 30일 이내에 완료되어야 한다.
06 모든 국제 항공과 국내 항공은 짙은 안개로 추후 공지가 있을 때까지 지연되었다.
07 고용 제안을 수락하기 전에, 가고자 하는 진로 방향을 진지하게 고민하는 것이 좋다.
08 상급 회계사는 다음 주까지 회사의 소득 신고를 마치는 것을 목표로 하고 있다.
09 직원 생산성은 긍정적이고 친화적인 근무 환경을 만들어냄으로써 항상 증진될 수 있다.

10 financial

U.S. [finǽnʃəl/fai-]
U.K. [fainǽnʃəl]

adj. 재정의, 금전상의

Our company's **financial** statement reveals that our innovative growth strategy is working well.

financial crisis[setback] 금융 위기[악화]
go through severe financial difficulties
심각한 재정적 어려움을 겪다

11 tend

U.S. [tend]

v. ~하는 경향이 있다, ~하기 쉽다

Workers worldwide **tend** to have a coffee in the morning to help them wake up.

tend to + 동사원형 ~하는 경향이 있다
tend to vary considerably 꽤 다양한 경향이 있다

12 assist

U.S. [əsíst]

v. 돕다, 조력하다
n. 조력, 원조

The Cooper Foundation organizes an annual fundraiser to help **assist** low-income families.

assist at[in, with] ~을 돕다
with an assist from ~의 도움으로

13 independent

U.S. [ìndipéndənt]

adj. 독립의, 독자적인

An **independent** consultant has been hired to recommend changes to our organizational structure.

independent of + 명사 ~로부터 독립한
a completely independent agency 완전히 독립적인 기관

---

10 우리 회사의 재무 제표는 우리의 혁신적인 성장 전략이 잘 돌아가고 있음을 나타낸다.
11 세계적으로 회사원들은 잠을 깨는 데 도움이 되도록 아침에 커피를 마시는 경향이 있다.
12 Cooper 재단은 저소득 가정을 돕기 위한 연례 모금 행사를 조직한다.
13 한 독립 컨설턴트가 고용되어 우리 조직 구조의 개편을 추천했다.

14 rent
U.S. [rent]

v. 임대하다
n. 임대(료), 집세

The trade show organizers have decided to **rent** the convention center downtown for one week.

 for rent 임대용의
pay rent 집세를 내다

15 consider
U.S. [kənsídər]
U.K. [kənsídə(r)]

v. 고려하다, 숙고하다

I will **consider** your request for a transfer after you have completed your last assignment.

consider A as B A를 B로 간주하다
consider applying for a job 입사 지원하는 것을 고려하다

16 satisfaction
U.S. [sæ̀tisfǽkʃən]

n. 만족, 충족

Although teaching can be a difficult job, many educators find great **satisfaction** in their employment.

 to one's satisfaction ~가 만족스럽게도
customer satisfaction 고객 만족

17 internal
U.S. [intə́:rnl]
U.K. [intə́:nl]

adj. 내부의, 국내의

Yesterday's **internal** memo detailed information about how employees can purchase discounted company stocks.

internal audit 내부 감사
internal job announcement 사내 구인 공고

---

14 무역 박람회 주최자들은 컨벤션 센터를 일주일 동안 빌리기로 결정했다.
15 당신이 지난 과제를 완수한 이후에 당신의 전근 요청을 고려해 볼 것입니다.
16 가르치는 것은 어려운 일일 수 있지만, 많은 교육자들은 그들의 직업에 대한 대단한 만족감을 느낀다.
17 어제의 내부 메모는 직원들이 할인된 가격에 회사 주식을 구매할 수 있는 방법에 대한 정보에 대해 상술했다.

18 dominate

U.S. [dámənèit]
U.K. [dɔ́mənèit]

v. 지배하다, (~보다) 우위를 차지하다

Tyson Industry's attempted takeover of several small manufacturing companies continues to **dominate** news headlines.

 dominate the field 그 분야에서 군림하다

19 session

U.S. [séʃən]

n. 회의, 학기

This company believes in educating their employees through rigorous training **sessions** and professional development courses.

 training[recording] session 교육[녹음] 기간
attend the orientation session 오리엔테이션 모임에 참석하다

20 persistent

U.S. [pəːrsístənt]
U.K. [pəːsistənt]

adj. 끊임없는, 계속되는

Many insiders suggest that job seekers should be **persistent** when seeking specialized employment.

 persistent in ~에 완고한
persistent speculation[rumors] 끈질긴 추측[소문]

21 specialty

U.S. [spéʃəlti]

n. 특기, 특산품

Katie's **specialty** was making pastries and cakes, which she perfected when she began her own business.

기출 엿보기 in specialty 특히, 특별히
make a specialty of ~을 전문으로 하다

22 possible

U.S. [pásəbəl]
U.K. [pɔ́səbəl]

adj. 가능한, 있음 직한

It might be **possible** to begin construction sooner, if we recruited more investors.

기출 엿보기 be possible to + 동사원형 ~하는 것이 가능하다
at the earlist possible 최단 시일 내에 가장 빨리

---

18 Tyson Industry의 여러 작은 제조 회사들의 인수 시도는 뉴스 헤드라인을 계속해서 차지하고 있다.
19 이 회사는 엄격한 훈련 과정과 직업 개발 과정을 통해 직원을 교육시키는 것이 좋다고 믿는다.
20 내부의 많은 사람들은 구직자들이 특별 채용 기회를 찾을 때 끈기 있게 도전하라고 제안한다.
21 Katie의 특기는 페이스트리와 케이크를 만드는 것이었고 이는 그녀가 자신의 사업을 시작했을 때 완성되었다.
22 우리가 더 많은 투자자를 모집한다면, 건설을 더 빨리 시작하는 것이 가능할 수도 있다.

23 inspect
U.S. [inspékt]

v. 면밀히 조사하다, 검사하다

Several government officers will arrive on Tuesday to **inspect** our fleet of transport trucks.

기출
엿보기
inspect closely[thoroughly] 세밀히 조사하다
inspect a building[equipment] 건물[장비]을 점검하다

24 survey
U.S. [səːrvéi]
U.K. [səːvéi]

n. 설문 조사
v. 조사하다

Research analysts have started to use online **surveys** to evaluate new consumer trends.

기출
엿보기
reveal the survey results 설문 조사 결과를 발표하다
complete the enclosed survey 동봉된 설문 조사를 작성하다

25 professional
U.S. [prəféʃənəl]

adj. 전문적인, 직업의
n. 전문가

Our chief financial officer has a **professional** demeanor that commands respect from his subordinates.

기출
엿보기
seek professional help 전문적인 도움을 주다
professional education 전문[직업] 교육

26 leave
U.S. [liːv]

v. 놓아두다, 떠나다
n. 휴가, 허가

I will **leave** the report on your desk when I am finished reading it.

기출
엿보기
on leave 휴가로
sick leave 병가
leave out ~을 빠뜨리다, 빼먹다
leave for + 목적지 ~을 향해 떠나다

---

23 여러 정부 관료들은 우리의 전 수송 트럭들을 조사하기 위해 화요일에 도착할 것이다.
24 조사 분석가는 새로운 고객 성향을 평가하기 위해 온라인 설문 조사 방법을 사용하기 시작했다.
25 우리 최고 재무 책임자는 부하 직원들로부터 존경을 받는 전문가다운 태도를 지니고 있다.
26 보고서를 다 읽으면, 네 책상에 가져다 놓을게.

27 term

US. [təːrm]
UK. [təːm]

n. 조건, 기한, 용어

The **terms** of the agreement clearly state that we are not responsible for damaged property.

기출 엿보기
in terms of ~의 면에서, ~의 관점에서 보면
terms of employment 근로 조건

28 unused

US. [ʌnjúːzd]

adj. 사용하지 않는

RSD Industries will donate all of its **unused** and outdated computers to under-privileged schools.

기출 엿보기
be unused to + 명사 ~에 익숙하지 않다
unused vacation time 쓰지 않은 휴가

29 right

US. [rait]

n. 권리, 소유권
adv. 바로, 곧

The management of New York Deli reserves the **right** to refuse service to anyone.

기출 엿보기
a right to + 동사원형 ~할 권리
exercise one's right ~의 권리를 행사하다

30 inform

US. [infɔ́ːrm]
UK. [infɔ́ːm]

v. 알리다

I forgot to **inform** David that the meeting's time has been changed to 10 a.m.

기출 엿보기
inform A of B[that절] A에게 B를 알리다
be pleased to inform that절 ~에 대해 알리게 되어 기쁘다

---

27 계약 조건에는 우리가 파손된 재산에 대한 책임이 없음이 분명히 명시되어 있다.
28 RSD Industries는 환경이 열악한 학교에 사용하지 않았거나 구식 컴퓨터를 모두 기증할 것이다.
29 New York Deli의 경영진은 누구에게든 서비스를 거부할 권리를 가지고 있다.
30 나는 David에게 회의 시간이 아침 10시로 변경되었다고 알려주는 것을 잊어버렸다.

Check-up ◀

🎧 Listen and fill in the blanks with the correct words. ◉ MP3

01 Their company's _____ group has changed several times over the past five years.

02 The store displays its children's section _____ from menswear and women's clothing.

03 All international and _____ flights have been delayed until further notice due to heavy fog.

04 Employee _____ can always be improved by creating a positive and friendly work environment.

05 Our company's _____ statement reveals that our innovative growth strategy is working well.

06 I will _____ your request for a transfer after you have completed your last assignment.

07 Yesterday's _____ memo detailed information about how employees can purchase discounted company stocks.

08 Many insiders suggest that job seekers should be _____ when seeking specialized employment.

09 It might be _____ to begin construction sooner, if we recruited more investors.

10 Our chief financial officer has a _____ demeanor that commands respect from his subordinates.

---

01 그들의 회사의 소유권 단체는 지난 5년간 여러 차례 바뀌었다. 02 그 상점은 아동복 코너를 남성복 그리고 여성복과는 별도로 전시한다. 03 모든 국제 항공과 국내 항공은 짙은 안개로 추후 공지가 있을 때까지 지연되었다. 04 직원 생산성은 긍정적이고 친화적인 근무 환경을 만들어냄으로써 항상 증진될 수 있다. 05 우리 회사의 재무 제표는 우리의 혁신적인 성장 전략이 잘 돌아가고 있음을 나타낸다. 06 당신이 지난 과제를 완수한 이후에 당신의 전근 요청을 고려해 볼 것입니다. 07 어제의 내부 메모는 직원들이 할인된 가격으로 회사 주식을 구매할 수 있는 방법에 대한 정보에 대해 상술했다. 08 내부의 많은 사람들은 구직자들이 특별 채용 기회를 찾을 때 끈기 있게 도전하라고 제안한다. 09 우리가 더 많은 투자자를 모집한다면, 건설을 더 빨리 시작하는 것이 가능할 수도 있다. 10 우리 최고 재무 책임자는 부하 직원들로부터 존경을 받는 전문가다운 태도를 지니고 있다.

Review Test

Choose the best answer and complete the sentence.

01 Business and labor unions are reacting favorably to the _____ of Tuesday's provincial election.

(A) consumer   (B) credit   (C) outcome   (D) option

02 The first and most basic point is that when you receive a _____, you have two choices: spend the money or save it.

(A) paycheck   (B) translation   (C) transportation   (D) housing

03 Southwest Airlines had the highest passenger _____ score, 81 on a zero-to-100 scale.

(A) income   (B) satisfaction   (C) project   (D) survey

04 Vivid, and at times gory, videos aimed at reducing _____ accidents among teens are gaining popularity.

(A) workout   (B) treatment   (C) workplace   (D) record

05 Despite an increase in the value of farmland across the country, its _____ is down in the western states.

(A) facility   (B) part   (C) wage   (D) value

06 African politicians have made a verbal _____ to a "permanent solution" if the situation is not resolved quickly.

(A) relief   (B) matter   (C) reference   (D) order

07 Congress offered what it called a _____ and responsible counter offer on health-care funding.

(A) realistic   (B) unique   (C) reasonable   (D) unused

08 European stock markets traded sharply lower Thursday _____ overnight losses in Asia and ahead of expected interest rate reductions.

(A) likely   (B) following   (C) equal   (D) continuous

---

01 기업 및 노동 조합은 화요일 지방 선거 결과에 호의적인 반응을 보이고 있다. 02 가장 우선적이고 기본적인 것은 월급을 받으면 두 가지 선택권이 생긴다는 것이다. 하나는 그것을 쓰는 것이고 다른 하나는 저축하는 것이다. 03 Southwest Airlines는 가장 높은 고객 만족 점수인 100점 만점에 81점을 받았다. 04 십대들 사이에 작업장 사고를 줄이기 위한 목적의 생생하고, 때로는 참혹한 비디오가 인기를 얻고 있다. 05 전국적으로 농장의 가치가 증가함에도 불구하고 서부 주에서는 그 가치가 하락 추세이다. 06 아프리카 정치인들은 상황이 빨리 해결되지 않는다면 '영구적인 해결책'을 언급할 것이다. 07 국회는 의료 보험 기금에 대해 합리적이고 신뢰할 수 있다고 하는 수정안을 제안했다. 08 하룻밤 사이 아시아에서의 손실과 앞으로 예상되는 금리 하락에 이어 목요일 유럽 주식 시장들은 거래량이 큰 폭으로 줄어들었다.

09 New research finds both men and women can lower the risk of stroke by engaging in even _____ exercise.

(A) mature   (B) moderate   (C) innovative   (D) harsh

10 A new BBC poll conducted by Ekos Research suggests Britons are not overly _____ the economy will improve.

(A) domestic   (B) critical   (C) courteous   (D) optimistic

11 Queensland Health Services wants to hire more licensed _____ nurses rather than registered nurses, who are more expensive.

(A) practical   (B) active   (C) consistent   (D) confident

12 People in southern climates _____ to be in better health than those living in the north, a recent report concluded.

(A) rent   (B) agree   (C) spot   (D) tend

13 The Canadian Federation of Independent Business _____ the committee about a looming competitive disadvantage.

(A) admitted   (B) reminded   (C) warned   (D) refused

14 Job growth in October was _____ flat as an increase in full-time work was mostly cancelled out by losses in part-time employment.

(A) relatively   (B) regrettably   (C) repeatedly   (D) randomly

15 The company announced that it is negotiating to _____ cars for General Motors in Mexico.

(A) appreciate   (B) assemble   (C) connect   (D) disturb

16 NASA will _____ to launch the space shuttle again on Friday after Tuesday's launch was postponed because of high winds.

(A) contribute   (B) express   (C) attempt   (D) donate

09 새로운 연구에서 남자와 여자 모두 적당한 운동만 하면 뇌졸중 위험을 낮출 수 있다고 밝혀졌다. 10 Ekos Research가 실시한 새로운 BBC 여론 조사에 따르면 영국인들은 경제 개선에 그다지 낙관적이지 않다고 나타났다. 11 Queensland Health Services는 더 비싼 정 간호사보다 자격증이 있는 보조 간호사들을 좀 더 고용하고 싶어한다. 12 남부 기후대에 있는 사람들이 북부에 사는 사람들보다 더 건강한 경향이 있다고 최근 보고는 결론지었다. 13 캐나다 독립 기업 연합은 자유경쟁의 불리한 기미가 보이자 위원회에 경고했다. 14 10월의 고용 증가는 정규직은 증가했지만 그 만큼 파트 타임 고용이 줄었기 때문에 비교적 변동이 없었다. 15 그 회사는 멕시코의 General Motors의 차를 조립하기 위해 협상 중이라고 발표했다. 16 NASA는 강풍으로 화요일 발사가 연기된 후 금요일 다시 우주 왕복선 발사를 시도할 것이다.

토익 보카 공부하는 방법

토익
700⁺
필수보카

Week 1

Week 2

Week 3

Week 4

🔘 MP3

---

01 promotion

ᴜꜱ [prəmóuʃən]

n. 승진, (제품의) 판매 촉진

The summer sales **promotion** will begin in June and finish at the end of August.

 기출 엿보기   sales promotion 판촉
get[receive] a promotion 승진하다

---

02 neighboring

ᴜꜱ [néibəriŋ]

adj. 이웃의, 근처의

Several of our **neighboring** businesses also lost power after the transformer exploded.

---

03 originally

ᴜꜱ [ərídʒənəli]

adv. 원래, 처음에는

We **originally** scheduled the store's grand opening for January 15, but postponed it by one week.

 기출 엿보기   contracts originally agreed upon 처음 합의한 계약

---

04 apologize

ᴜꜱ [əpálədʒàiz]

v. 사과하다, 변명하다

I would like to **apologize** for my inappropriate behavior and ask for your forgiveness.

 기출 엿보기   apologize (to A) for B (A에게) B에 대하여 사과하다
sincerely apologize for any inconvenience
불편을 끼친 것에 대해 진심으로 사과하다

---

01 여름 판촉 행사는 6월에 시작해서 8월 말에 끝난다.
02 변압기가 폭발한 이후 여러 이웃 업체들도 전력이 끊겼다.
03 원래 우리는 상점의 대대적인 오픈 행사를 1월 15일로 잡았으나 일주일 연기했다.
04 제 부적절한 행동에 대해 사과 드리고 용서를 구하고 싶습니다.

05 **proposal**

[U.S.] [prəpóuzəl]

n. 제안(서), 계획

The **proposal** to increase next year's operating budget has been met with mixed reviews.

 submit[approve, adopt] a proposal
기획안을 제출하다[승인하다, 채택하다]

06 **typical**

[U.S.] [típikəl]

adj. 전형적인, 대표적인

A **typical** day in the accounting department includes compiling financial data and paying company bills.

기출
엿보기 a typical savings account 일반 저축 예금

07 **strongly**

[U.S.] [strɔ́(ː)ŋli]

adv. 강력하게, 강하게

Our production team **strongly** believes that our new diabetes monitor will help save lives.

기출
엿보기 be strongly encouraged to do ~할 것이 강력히 요구되다
strongly disagree with the views of
~의 견해에 강하게 반대하다

08 **interact**

[U.S.] [ìntərǽkt]

[U.K.] [ìntərǽkt]

v. 의사소통하다

Mr. Trinket wants us to **interact** with several possible clients at next week's conference.

기출
엿보기 interact with ~와 의사소통하다

09 **renovation**

[U.S.] [rènəvéiʃən]

n. 수리, 수선

The **renovation** will improve the layout of the store by creating more space on the sales floor.

기출
엿보기 close for renovation 수리를 위해 휴업하다

05 내년 운영 예산을 늘리자는 제안은 엇갈린 의견에 부딪쳤다.
06 회계 부서의 전형적인 일과에는 재무 데이터를 모으고 회사 청구서를 지불하는 것이 포함된다.
07 우리 생산팀은 우리의 새로운 당뇨병 측정 장치가 생명을 구하는 데 도움이 될 거라고 강력하게 믿는다.
08 Trinket 씨는 우리가 다음 주 회의에서 여러 잠재 고객들과 의사소통 하기를 원한다.
09 수리를 하면 판매 층에 더 공간이 생겨 상점의 배치가 나아질 것이다.

10 understanding
U.S. [ʌndərstǽndiŋ]

n. 이해, 사려
adj. 이해심 있는

Herry's **understanding** of English was her advantage when applying to become the new sales manager.

 기출 엿보기 **understanding of** ~에 대한 이해, 해석

11 limit
U.S. [límit]

v. 제한하다
n. 한계, 제한

Ecofarm Manufacturing has developed a product for cars that will **limit** CO_2 emissions by 15%.

기출 엿보기 **limit A to B** A를 B로 제한하다
be limited to ~에 제한되다, 국한되다

12 salary
U.S. [sǽləri]

n. 봉급, 급료

A career in Information Technology offers a good **salary**, medical benefits, and constant challenges.

 기출 엿보기 **get a raise in salary** 봉급이 인상되다
annual salary 연봉

13 vague
U.S. [veig]

adj. 막연한, 모호한

The assistant was unsure how to complete his task because the instructions he received were **vague**.

기출 엿보기 **vague instructions** 모호한 설명서
a vague answer 애매한 대답

---

10 Herry의 영어에 대한 이해는 그녀가 새로운 영업 부장이 되려고 지원했을 때 이점이 되었다.
11 Ecofarm Manufacturing은 CO_2 배출을 15% 제한할 자동차를 개발했다.
12 IT 분야의 직업은 괜찮은 보수, 의료 혜택, 그리고 끊임없는 도전을 제공한다.
13 그 보조자는 전달받은 지시사항이 모호하여 업무를 어떻게 완수할지 확실히 몰랐다.

---

14 **suppose**

U.S. [səpóuz]

v. 가정하다, 추측하다, 상상하다

I **suppose** that I should continue preparing the order form for Mr. Lowner's approval.

 기출 엿보기 be supposed to ~하기로 되어 있다, ~할 예정이다

---

15 **manage**

U.S. [mǽnidʒ]

v. 경영하다, 해내다

It is Susanne's responsibility to coordinate the project and **manage** the team effectively.

기출 엿보기 manage to + 동사원형 ~을 해내다

---

16 **strategy**

U.S. [strǽtədʒi]

n. 전략, 전술

Monthly financial reports and customer surveys will help us adjust our sales **strategy** as necessary.

기출 엿보기 marketing strategies 마케팅 전략
effective business strategies 효과적인 사업 전략

---

17 **wholesale**

U.S. [hóulsèil]

adj. 도매의, 전면적인

The **wholesale** industry is a profitable business for merchants in many countries throughout the world.

기출 엿보기 unit wholesale price 도매 가격

---

14 Lowner 씨의 승인을 받기 위해 주문 양식을 계속해서 준비해야 할 것 같다.
15 프로젝트를 조정하고 팀을 효과적으로 관리하는 것은 Susanne의 책임이다.
16 매달 실시되는 재정 보고와 고객 여론 조사는 우리가 판매 전략이 필요할 때 조정할 수 있게 도움을 줄 것이다.
17 도매 산업은 전 세계 많은 국가의 상인에게 수익성 있는 사업이다.

18 security

[U.S.] [sikjúəriti]

n. 안전, 안심

Security escorted John from the building after his employment was terminated by management.

기출 엿보기 job security 고용 안정
national security 국가 안보

19 reflective

[U.S.] [rifléktiv]

adj. 반영하는, 반사하는

This month's decreased sales figures are **reflective** of the severity of the economic downturn.

기출 엿보기 be reflective of ~을 반영하다

20 adaptation

[U.S.] [æ̀dæptéiʃən]

n. 개작, 개조, 적응

Last year Mr. Crowe starred in the film **adaptation** of Seth Milner's best-selling novel.

기출 엿보기 an adaptation of a novel 소설 각색

21 regular

[U.S.] [régjələr]

adj. 정기적인, 단골의

Thanks to **regular** customers, our small coffee shop has grown into a worldwide franchise.

기출 엿보기 on a regular basis 정기적으로
a regular maintenance check 정기 점검

---

18 경영진에 의해 John의 고용이 종료된 후 보안팀이 그를 건물에서부터 안내했다.
19 이번 달 하락한 판매 수치는 경기 침체의 심각성을 반영하는 것이다.
20 작년에 Crowe 씨는 Seth Milner의 베스트 셀러 소설을 각색한 영화에 출연했다.
21 단골 고객들 덕분에 우리의 작은 커피숍이 세계적인 프랜차이즈로 성장했다.

22 **object**

U.S. [ábdʒikt/-ʒekt]

v. 반대하다

n. 물건

The accounting department may **object** to working overtime without receiving any additional compensation.

기출
엿보기
object that절 ~라고 반대하다
object to + (동)명사 ~에 대해 반대하다

---

23 **appreciation**

U.S. [əprìːʃiéiʃən]

n. 감사, 진가, 감상

We send our clients "Thank You" cards in order to show our **appreciation** for their business.

기출
엿보기
in appreciation of ~에 대한 감사의 표시로

---

24 **environmentally**

U.S. [invàiərənméntli]

adv. 환경적으로

Span Maid Service uses only **environmentally** friendly cleaning products to clean your office.

기출
엿보기
environmentally safe 환경적으로 안전한

---

25 **organize**

U.S. [ɔ́ːrgənàiz]

v. 조직하다, (체계, 시스템 등을) 갖추도록 하다

The public relations team will begin to **organize** the company's annual charity event next week.

기출
엿보기
conduct organized activities 조직적인 활동을 벌이다
organize a day-long safety workshop
일반 과정의 안전 강습회를 조직하다

---

26 **inspector**

U.S. [inspéktər]

n. 검사자, 검사관

The health **inspector** found several violations at the restaurant and forced it to close.

기출
엿보기
safety inspector 안전 검사원
quality control inspector 품질 관리 검사관

---

22 회계부는 추가 보상을 받지 않고 초과 근무를 하는 것에 반대할지 모른다.
23 우리는 고객에게 거래에 대한 감사를 표하기 위해 감사 카드를 보낸다.
24 Span Maid Service는 사무실을 청소하는 데 환경 친화적인 세척 제품만을 사용합니다.
25 홍보팀은 매년 열리는 회사의 자선 행사 준비를 다음 주에 시작할 것이다.
26 위생 검사관은 그 식당이 기준을 여러 번 위반한 것을 알고 식당 문을 닫도록 했다.

27 **insurance**

[U.S.] [inʃúərəns]

n. 보험

The Collaborators Group offers various **insurance** plans designed to cover homes, vehicles, and other property.

기출
엿보기

insurance company 보험 회사
insurance policy 보험 증서

28 **focus**

[U.S.] [fóukəs]

v. 집중시키다, 집중하다
n. 초점

We must **focus** our ideas in order to formulate a successful business model.

기출
엿보기

focus A on B A를 B에 집중시키다
focus group (테스트 상품이나 관련 사항을 토의하는) 소비자 그룹

29 **misunderstand**

[U.S.] [mìsʌndərstǽnd]

v. 오해하다

There was an unfortunate **misunderstanding** that led to a breakdown in the negotiations.

기출
엿보기

occasional misunderstanding between business partners 사업 파트너들 사이에서 가끔 발생하는 오해

30 **narrow**

[U.S.] [nǽrou]

v. (범위 등을) 좁히다, 좁아지다
adj. 좁은, 한정된

An impressive month of sales has **narrowed** the revenue gap between us and our competitor.

기출
엿보기

mounting pressure 증가하는 압력
narrow down A (to B) (B까지) A를 한정시키다

---

27 Collaborators Group은 주택, 차, 그리고 다른 자산을 보장하도록 설계된 다양한 보험을 제공한다.
28 우리는 성공적인 비즈니스 모델을 고안해내기 위해 우리 아이디어를 집중시켜야 한다.
29 유감스럽게도 오해가 있어서 협상이 결렬되었다.
30 판매가 왕성했던 달은 우리와 경쟁사 간의 수익 격차를 좁혔다.

Check-up ◀

🎧 Listen and fill in the blanks with the correct words. 💿 MP3

01 The summer sales _____ will begin in June and finish at the end of August.

02 We _____ scheduled the store's grand opening for January 15, but postponed it by one week.

03 The _____ to increase next year's operating budget has been met with mixed reviews.

04 The _____ will improve the layout of the store by creating more space on the sales floor.

05 The assistant was unsure how to complete his task because the instructions he received were _____.

06 It is Susanne's responsibility to coordinate the project and _____ the team effectively.

07 The _____ industry is a profitable business for merchants in many countries throughout the world.

08 Last year Mr. Crowe starred in the film _____ of Seth Milner's best-selling novel.

09 We send our clients "Thank You" cards in order to show our _____ for their business.

10 The health _____ found several violations at the restaurant and forced it to close.

---

01 여름 판촉 행사는 6월에 시작해서 8월 말에 끝난다. 02 원래 우리는 상점의 대대적인 오픈 행사를 1월 15일로 잡았으나 일주일 연기했다. 03 내년 운영 예산을 늘리자는 제안은 엇갈린 의견에 부딪쳤다. 04 수리를 하면 판매 층에 더 공간이 생겨 상점의 배치가 나아질 것이다. 05 그 보조자는 전달받은 지시사항이 모호하여 업무를 어떻게 완수할지 확실히 몰랐다. 06 프로젝트를 조정하고 팀을 효과적으로 관리하는 것은 Susanne의 책임이다. 07 도매 산업은 전 세계 많은 국가의 상인에게 수익성 있는 사업이다. 08 작년에 Crowe 씨는 Seth Milner의 베스트 셀러 소설을 각색한 영화에 출연했다. 09 우리는 고객에게 거래에 대한 감사를 표하기 위해 감사 카드를 보낸다. 10 위생 검사관은 그 식당이 기준을 여러 번 위반한 것을 알고 식당 문을 닫도록 했다.

Day 17

01 investor
U.S. [invéstər]

n. 투자자

I became a more cautious **investor** after I lost $5,000 in the stock market last year.

기출 엿보기
investor cash 투자 자금
sensible investors 현명한 투자자
international investors 해외 투자자

---

02 proper
U.S. [prápər]
U.K [prɔ́pər]

adj. 적당한, 타당한

Proper safety procedures should always be followed by any employee operating company equipment.

기출 엿보기
proper for ~에 적합한
proper start-up procedures 올바른 시동 절차

---

03 unfortunately
U.S. [ʌnfɔ́ːrtʃənitli]

adv. 불행하게도, 유감스럽게도

Hundreds of workers **unfortunately** were laid off following the merger of the two large companies.

---

04 appear
U.S. [əpíər]

v. 나타나다, ~인 것같이 보이다

It would **appear** that retail sales have decreased steadily over the past three months.

기출 엿보기
appear quiet 조용한 듯하다
It appears that절 ~인 것 같다
appear to + 동사원형 ~하는 것 같다

---

01 나는 작년에 주식 시장에 투자한 5천 달러를 손실 본 이후로 좀 더 조심스러운 투자자가 되었다.
02 회사 장비를 조종하는 직원들은 언제나 적합한 안전 절차를 지켜야 한다.
03 두 대기업의 합병에 따라 불행히도 수백 명의 직원들이 해고되었다.
04 소매 판매는 지난 3개월간 꾸준히 하락세에 있었던 것으로 나타났다.

05 management
[U.S.] [mǽnidʒmənt]

n. (집합적) 경영(진), 관리

Management has agreed to give employees an extra 25% discount during the holiday season.

 time[risk] management 시간[위기] 관리
under the new management 새로운 경영진 하에

06 unlimited
[U.S.] [ʌnlímitid]

adj. 무제한의

The accounting department has **unlimited** access to the company's executive expense account.

 unlimited local calling 무제한 시내 통화
unlimited mileage
(마일리지 제한을 두지 않는) 렌터카의 무제한 이용

07 surely
[U.S.] [ʃúərli]

adv. 틀림없이, 꼭

Surely we will hear from the representatives in South Korea once they receive our package.

08 introduce
[U.S.] [ìntrədjú:s]

v. 소개하다, 발표하다

I would like to **introduce** everyone to the newest member of our legal team, Ms. Tracey Jackson.

 introduce A to B A를 B에게 소개하다
efforts to introduce a new line of products
새로운 제품군을 출시하려는 노력

09 workforce
[U.S.] [wɔ́rkfɔ̀rce]

n. 전 종업원, 노동 인력

Statistics show that more **workforce** injuries are caused by negligent behavior than any other cause.

 enter the workforce 근로자가 되다
the entire workforce 전 사원

---

05 경영진은 직원들에게 휴가 기간에 25%의 추가 할인을 제공하기로 동의했다.
06 회계부는 회사의 집행 비용 계정에 무제한 접근할 수 있다.
07 한국의 대표들이 우리의 패키지를 받으면 그들로부터 틀림없이 소식이 올 것이다.
08 모두에게 우리 법무팀의 새 멤버인 Tracey Jackson 씨를 소개하고자 합니다.
09 통계에 따르면 더 많은 인력 부상이 어떠한 다른 원인보다도 부주의한 행동으로 야기된다.

10 urgent

U.S. [ə́ːrdʒənt]
U.K. [ə́ːdʒənt]

adj. 긴급한, 절박한

The CEO believes there is an **urgent** need to reform the company's dress code policy.

on urgent business 긴급한 일로
be urgently needed 절박하게 필요하다

11 judge

U.S. [dʒʌdʒ]

v. 판단하다, 평가하다
n. 판사, 심사원

Your supervisor will **judge** the quality of your work before making his final decision.

judging by[from] ~에 의해 판단하건대

12 regulation

U.S. [rèɡjəléiʃən]

n. 규칙, 규정, 규제

The warehouse manager is required to post all necessary safety **regulations** for the workers to read.

customs regulations 관세 규정
follow[comply with] regulations 규정을 준수하다

13 various

U.S. [vɛ́əriəs]

adj. 다양한, 가지각색의

Various companies are interested in hiring my brother because of his extensive background in marketing.

various features 다양한 특징

10 그 최고 경영 책임자는 회사의 복장 규정을 개정하는 것이 절실히 필요하다고 믿는다.
11 감독관은 최종 결정을 내리기 전에 당신 작업의 품질을 판단할 것입니다.
12 창고 관리자는 근로자들이 읽을 수 있도록 모든 필수 안전 규정을 게재해야만 한다.
13 다양한 회사들은 우리 오빠가 마케팅 분야에 광범위한 경험을 가지고 있기 때문에 그를 고용하고 싶어 한다.

14 advise

U.S. [ædváiz]

v. 충고하다, 조언을 구하다

The IT tech was able to **advise** us on how to protect our computer system from viruses.

 advise A to + 동사원형 A에게 ~하라고 조언하다
advise A on B A에게 B에 관해 조언하다

15 neglect

U.S. [niglékt]

v. 소홀히 하다, 무시하다
n. 태만, 방치

We mustn't **neglect** the issue of how we expect to raise profits without cutting costs.

16 scenery

U.S. [sí:nəri]

n. 경치, (연극의) 무대면

The director enjoyed the **scenery** from the 26th floor, overlooking the city he helped build.

 the most dramatic scenery 가장 멋진 풍경

17 worth

U.S. [wə:rθ]
U.K. [wə:θ]

adj. 가치가 있는
n. 가치, (얼마) 어치

According to the consultant, our company is **worth** over $5 million on the market.

be worth + (동)명사 ~할 만한 가치가 있는
be worth + 돈 액수 돈 액수 만큼의 가치가 있다

---

14 그 IT 기술은 컴퓨터 시스템을 바이러스로부터 보호하는 방법에 대해 우리에게 충고해 줄 수 있었다.
15 우리는 비용 삭감 없이 수익을 증가시키기 위해 어떻게 해야 하는지에 대한 문제를 경시해서는 안 된다.
16 회장은 자신이 건설을 도왔던 도시가 내려다보이는 26층에서 경치를 즐겼다.
17 컨설턴트에 따르면 우리 회사는 시장에서 5백만 달러의 가치가 있다고 한다.

18 standard
[US] [stǽndərd]
n. 수준, 기준, 규격
adj. 표준의, 공인된

VBN Industries expects a high **standard** of professionalism from every member of its sales staff.

기출 엿보기 · safety standards 안전 기준
meet standards 기준에 맞추다

19 special
[US] [spéʃəl]
adj. 특별한, 전문의

The company is planning a **special** tribute to all of its employees at tonight's gala.

기출 엿보기 special kind of 특별한 종류의
at special prices 특별 할인가로

20 overcome
[US] [òuvərkʌ́m]
v. 극복하다

Sales associates must learn how to **overcome** customer objections when attempting to close a sale.

기출 엿보기 overcome crisis 위기를 극복하다

21 symptom
[US] [símptəm]
n. 증상, 징후, 조짐

This software can analyze the computer system's **symptoms** and suggest how they can be fixed.

기출 엿보기 allergy symptoms 알레르기 증상

22 local
[US] [lóukəl]
adj. 지역의, 고장의

Local businesses must often close because they are unable to compete with big, multinational corporations.

기출 엿보기 in the local paper 지역 신문에서

---

18 VBN 산업은 영업 사원 개인에게 전문가로서의 높은 수준을 기대한다.
19 회사는 오늘 밤 축제에서 모든 직원에게 줄 특별 선물을 계획하고 있다.
20 판매원은 판매를 중지시키려고 할 때 고객의 반대를 극복하는 방법을 배워야 한다.
21 이 소프트웨어는 컴퓨터 시스템의 징후를 분석하고 어떻게 고칠 수 있는지 알려준다.
22 지역 기업들은 대형 다국적 기업들과 경쟁할 수 없기 때문에 종종 문을 닫아야 한다.

23 **place**

U.S. [pleis]

v. (주문을) 하다,
　(~을 한 상태에) 두다
n. 장소, 공간

The web designers have developed a new system that allows customers to **place** their orders online.

place an order 주문하다
in place 적소에, 제자리에
in place of ~대신에
take place 발생하다, (행사가) 열리다
place[put] emphasis[stress] on ~을 강조하다

24 **attraction**

U.S. [ətrǽkʃən]

n. 매력, 명소

The new Egyptian exhibit at the museum has proven to be a very successful **attraction**.

local attraction 지역 관광 명소
the most visited tourist attraction
사람들이 가장 즐겨 찾는 관광 명소

25 **cooperatively**

U.S. [kouápərèitivli]

adv. 협력하여

The Applied Institute of Technology works **cooperatively** with leading businesses to find employment opportunities for its graduates.

work cooperatively 협력하여 일하다

26 **update**

U.S. [ʌpdéit]

v. 새롭게 하다, 갱신하다
n. 갱신, 개정

The secretary's responsibility is to ensure that all company information, contacts, and appointments are **updated** regularly.

updates of computer software
컴퓨터 소프트웨어에 관한 최신 정보
release the annual budget update
새로운 연례 예산안을 발표하다

23 웹 디자이너들은 고객들이 온라인으로 주문할 수 있는 새로운 시스템을 개발했다.
24 박물관에서 열리는 새로운 이집트 전시회는 매우 성공적인 볼거리임이 입증되었다.
25 Applied Institute of Technology는 졸업자들에게 고용 기회를 찾아주기 위해 선도 기업들과 협력하여 일한다.
26 비서의 임무는 회사의 모든 정보, 연락, 약속이 정기적으로 갱신되는지 확인하는 것이다.

27 characteristic
U.S. [kÆriktərístik]

n. 특징, 특성
adj. 독특한

Discipline, reliability, and a positive attitude are all crucial **characteristics** possessed by successful entrepreneurs.

기출엿보기 be characteristic of ~의 특징이다, 특색이다
an important characteristic of all successful businessmen 성공한 사업가들의 중요한 특징

28 labor
U.S. [léibər]

n. 노동
v. 일하다

The **labor** force has been working overtime to complete the building's construction on schedule.

기출엿보기 physical[manual] labor 육체 노동
labor intensive 노동 집약형의

29 match
U.S. [mætʃ]

v. 필적하다, 조화되다
n. 경기, 경쟁 상대

Our company is prepared to **match** the offer you have received from our competitor.

기출엿보기 match with ~와 어울리다

30 obtain
U.S. [əbtéin]

v. 얻다, 획득하다

The company has **obtained** permission from the city to begin renovations on our downtown retail store.

기출엿보기 obtain a work permit 근로 허가증[영주권]을 획득하다
obtain written consent 서면 동의를 받다

---

27 자제심, 신뢰성, 그리고 긍정적인 태도는 모두 성공한 기업인이 갖추고 있는 중요한 특성이다.
28 노동자들은 그 건물의 건설 일정을 맞추기 위해 초과 근무를 하고 있다.
29 우리 회사는 당신이 우리 경쟁사에서 받은 제안에 필적할 만큼 준비되어 있습니다.
30 회사는 시로부터 시내에 있는 우리 소매 상점의 수리를 시작하겠다는 허가를 얻었다.

Check-up ◀

Listen and fill in the blanks with the correct words. ⊚MP3

01 It would _____ that retail sales have decreased steadily over the past three months.

02 _____ has agreed to give employees an extra 25% discount during the holiday season.

03 Statistics show that more _____ injuries are caused by negligent behavior than any other cause.

04 The CEO believes there is an _____ need to reform the company's dress code policy.

05 The warehouse manager is required to post all necessary safety _____ for the workers to read.

06 The company has _____ permission from the city to begin renovations on our downtown retail store.

07 This software can analyze the computer system's _____ and suggest how they can be fixed.

08 The new Egyptian exhibit at the museum has proven to be a very successful _____ .

09 The Applied Institute of Technology works _____ with leading businesses to find employment opportunities for its graduates.

10 The _____ force has been working overtime to complete the building's construction on schedule.

---

01 소매 판매는 지난 3개월간 꾸준히 하락세에 있었던 것으로 나타났다. 02 경영진은 직원들에게 휴가 기간에 25%의 추가 할인을 제공하기로 동의했다. 03 통계에 따르면 더 많은 인력 부상이 어떠한 다른 원인보다도 부주의한 행동으로 야기된다. 04 그 최고 경영 책임자는 회사의 복장 규정을 개정하는 것이 절실히 필요하다고 믿는다. 05 창고 관리자는 근로자들이 읽을 수 있도록 모든 필수 안전 규정을 게재해야만 한다. 06 회사는 시로부터 시내에 있는 우리 소매 상점의 수리를 시작하겠다는 허가를 얻었다. 07 이 소프트웨어는 컴퓨터 시스템의 징후를 분석하고 어떻게 고칠 수 있는지 알려준다. 08 박물관에서 열리는 새로운 이집트 전시회는 매우 성공적인 볼거리임이 입증되었다. 09 Applied Institute of Technology는 졸업자들에게 고용 기회를 찾아주기 위해 선도 기업들과 협력하여 일한다. 10 노동자들은 그 건물의 건설 일정을 맞추기 위해 초과 근무를 하고 있다.

Day 18

---

01 manufacturer

[U.S.] [mӕnjəfǽktʃərər]

n. 제조 회사, 제조 업자

The **manufacturer** has guaranteed us that they will complete our order by Saturday.

 leading manufacturer 제조 업계의 선두 주자

---

02 quarter

[U.S.] [kwɔ́:rtər]
[U.K.] [kwɔ́:tə]

n. (1년의) 4분의 1
adj. 4분의 1의

VPR Automotive expects that the release of its new hybrid vehicles will boost fourth **quarter** sales.

 first quarter (한 해의) 일사분기

---

03 presently

[U.S.] [prézəntli]

adv. 현재

We are looking to hire customer service representatives for three stores that are **presently** understaffed.

---

04 attach

[U.S.] [ətǽtʃ]

v. 붙이다, 첨부하다

Please ensure that you **attach** a company cover letter to all outgoing faxes.

 attach A to B A를 B에 붙이다
attached schedule[file] 첨부된 일정표[파일]

---

01 제조 회사는 우리에게 토요일까지 주문을 완료할 것이라고 약속했다.
02 VPR Automotive는 새로운 하이브리드 차의 출시가 4분기 판매를 끌어올릴 것으로 기대한다.
03 우리는 현재 인원이 부족한 상점 세 곳의 고객 서비스 담당자를 고용하기 위해 찾고 있다.
04 보내는 모든 팩스에 회사의 커버 레터를 첨부하는 것을 잊지 마십시오.

05 **purpose**

[U.S.] [pə́:rpəs]

n. 목적, 의도

The **purpose** of this meeting is to introduce our new senior vice president of operations.

on purpose 고의로, 일부러
on purpose to + 동사원형 ~할 목적으로

06 **written**

[U.S.] [rítn]

adj. 씌여진, 문어의

Any long term absence due to a medical condition must be verified by a **written** doctor's note.

good verbal and written skills 뛰어난 언변과 문서 작성 기술
in a written statement 서면으로 된 성명서로

07 **therefore**

[U.S.] [ðɛ́ərfɔ̀:r]

adv. 그러므로

Therefore, effective next week, Jeffrey Davis will take over as regional director of operations.

08 **invest**

[U.S.] [invést]

v. 투자하다

My financial planner suggested that I **invest** $2,500 into the bank's new mutual fund.

invest A in[into] B A를 B에 투자하다
make an investment 투자하다

09 **schedule**

[U.S.] [skédʒu(:)l]
[U.K.] [ʃédjuːl]

n. 예정(표), 계획
v. 예정하다

My store manager always releases our work **schedule** two weeks ahead of time.

be scheduled for + 시점 ~로 예정되어 있다
be scheduled to + 동사원형 ~할 예정이다

---

05 이번 회의의 목적은 새로 부임한 영업 담당 부사장을 소개하기 위한 것입니다.
06 건강 상태로 인한 어떠한 장기 결근도 서면으로 된 의사의 진단서로 입증되어야 한다.
07 그러므로, 다음 주부터 Jeffery Davis가 지역 운영 책임자 자리를 맡게 될 것이다.
08 내 자산관리사는 은행의 새로운 뮤추얼 펀드에 2천5백 달러를 투자하라고 제안했다.
09 우리 상점 지배인은 항상 2주 전에 업무 일정을 발표한다.

10 routine

U.S. [ruːtíːn]

adj. 일상의, 정기적인, 틀에 박힌
n. 일과, 판에 박힌 일

The store manager's daily **routine** consists of delegating tasks, inputting orders, and going to the bank.

 기출 엿보기   daily routine 일상

---

11 lower

U.S. [lóuər]

v. (양·가격을) 줄이다, 떨어뜨리다
adj. 하급의

I believe that we should **lower** the price of camping equipment to help boost sales.

기출 엿보기   lower taxes 세금을 낮추다

---

12 mention

U.S. [ménʃən]

v. 언급하다
n. 언급

I almost forgot to **mention** that our human resources director will be on vacation next week.

기출 엿보기   not to mention ~은 말할 것도 없고
mention about ~에 대해 언급하다

---

13 status

U.S. [stéitəs]
U.K. [stǽtəs]

n. 상태, 지위, 신분

The **status** of the project is unknown, but we should hear some news by tomorrow.

기출 엿보기   check the status of shipment 배송 현황을 확인하다
the current status of the new project
새로운 프로젝트의 진행 현황

---

10 상점 지배인의 일과는 업무를 할당하고, 주문을 입력하고, 은행 업무를 보는 것이다.
11 매출 향상에 도움이 되려면 우리는 캠핑 장비의 가격을 낮추어야 한다고 믿는다.
12 인사 관리 부장이 다음 주에 휴가를 갈 것이라는 것을 말하는 것을 잊을 뻔했다.
13 프로젝트의 상황은 알려지지 않았지만 내일쯤 일부 소식을 듣게 될 것이다.

14 **specific**

[U.S.] [spisífik]

adj. 명확한, 구체적인

It is important to be **specific** about job expectations when hiring a potential employee.

기출
엿보기

follow specific procedures 세부 절차를 따르다
pay the overdue payment by the specific date
특정 일자까지 미지급 금액을 납부하다

15 **research**

[U.S.] [risə́:rtʃ]
[U.K.] [risə́:tʃ]

v. 연구하다, 조사하다
n. 연구, 조사

Analysts **researched** demographic charts before making their recommendation to the board of directors.

기출
엿보기

research on ~에 대한 연구
research report 연구 보고서

16 **negotiate**

[U.S.] [nigóuʃièit]

v. 협상하다, 교섭하다

The next step for our company is to **negotiate** a new lease on our office space.

기출
엿보기

negotiate about[for] ~에 대해[~와] 교섭하다
negotiate A with B A를 B와 협상하다

17 **successive**

[U.S.] [səksésiv]

adj. 연속하는, 계속적인

We have been attempting to contact Mr. Hallow for three **successive** days.

기출
엿보기

three successive days 3일 연속으로

14 입사 지원자를 고용할 때에는 직업 기대치에 대해 명확히 하는 것이 중요하다.
15 분석가들은 이사회에 권고안을 제출하기 전에 인구 통계 차트를 조사했다.
16 회사가 밟을 다음 단계는 사무실에 대한 새로운 임대 계약을 협상하는 것이다.
17 우리는 3일 연속 Hallow 씨에게 연락을 시도하고 있다.

18 **occupy**
[ákjəpài]

v. (장소, 직책 등을) 차지하다, 점유하다

The small corner office is not currently **occupied** by any of our employees.

기출 엿보기
occupy one's time ~의 시간을 차지하다
occupy oneself by[with] ~에 몰두하다, 전념하다

19 **training**
[tréiniŋ]

n. 훈련, 교육

Effective employee **training** programs help employees get accustomed to their new jobs faster.

기출 엿보기
in training 훈련 중인
do training 훈련을 하다

20 **talented**
[tǽləntid]

adj. 재능이 있는, 유능한

Mr. Riley is a **talented** speech writer for some of the world's most powerful people.

기출 엿보기
talented employees 재능있는 직원들

21 **advantage**
[ədvǽntidʒ]

n. 이점, 강점

Our organization's substantial purchasing power provides us with a significant **advantage** over our competition.

기출 엿보기
take advantage of ~을 이용하다
mutual advantage 상호 간의 이익

---

18 코너에 있는 작은 사무실은 현재 우리 직원들 중 아무도 사용하고 있지 않다.
19 효과적인 직원 교육 프로그램은 직원들이 새로운 업무에 더 빨리 익숙해지는데 도움을 준다.
20 Riley 씨는 세계에서 가장 영향력 있는 사람들을 위한 유능한 연설문 작성자이다.
21 기업의 실질 구매력은 우리에게 경쟁사에 대한 상당한 이점을 제공한다.

22 civic
U.S. [sívik]

adj. 시의, 시민의

The job fair will take place at the **civic** center from August 14 to August 17.

기출 엿보기 civic development plan 도시 발전 계획
a coalition of civic organizations 시민 단체 연합

23 punish
U.S. [pʌ́niʃ]

v. 처벌하다, 벌을 주다

It will be difficult to **punish** the company's owner if witnesses don't testify in court.

24 earnings
U.S. [ə́ːrniŋz]

n. 소득, 수익, 임금

An increase in fourth quarter **earnings** suggests that the stock market is beginning to improve.

기출 엿보기 quarterly earnings 분기 수익

25 attentively
U.S. [əténtivli]

adv. 주의하여, 정중히

In order for a sales associate to provide the best customer service, they must listen **attentively**.

26 vary
U.S. [vέəri]

v. 다르다, 가지각색이다

Though the priority of your assignments may **vary**, they will all need to be completed quickly.

기출 엿보기 vary between countries 국가마다 다르다
vary the pressure 압력을 바꾸다

---

22 고용 박람회는 8월 14일부터 8월 17일까지 시민 회관에서 열린다.
23 목격자들이 법정에서 증언하지 않는다면 그 회사의 소유주를 처벌하기는 어려울 것이다.
24 4분기 수익의 증가는 주식 시장이 개선되기 시작했음을 알려준다.
25 판매 사원이 최고의 고객 서비스를 제공하려면 주의 깊게 경청해야 한다.
26 당신의 과제에 대한 우선 순위가 다를지라도 그것들은 모두 빨리 끝내야 할 일들이다.

27 immigration

U.S. [ìməgréiʃən]

n. 이민,
(공항 · 항구의) 출입국 관리소

Canadian **immigration** authorities tend to give preference to skilled workers with specialized skills.

 기출 엿보기
clear immigration 출입국 관리소를 통과하다
fill out the immigration form 출입국 신고서를 작성하다

28 negotiation

U.S. [nigòuʃiéiʃən]

n. 교섭, 협상

Our **negotiations** with the union have been difficult, but we are making some progress.

 기출 엿보기
negotiation between[with] ~사이의 협상
renew[resume] negotiations 협상을 재개하다

29 structure

U.S. [strʌ́ktʃər]

n. 구조, 조직, 조립

Our company's **structure** is intended to give each employee a voice in making policies.

 기출 엿보기
organization structure 조직 구조
parking structure 주차 구조물

30 pour

U.S. [pɔːr]

v. 따르다, 붓다

Manufacturing companies have begun to **pour** more resources into developing cost efficient production methods.

 기출 엿보기
pour A into B A를 B에 따르다, 붓다
pour coffee for the others 사람들에게 커피를 따라 주다

---

27 캐나다 이민국은 특별 기술을 가진 숙련된 근로자들에게 우선권을 주는 경향이 있다.
28 노조와의 협상은 어려웠지만 약간 진전을 보이고 있다.
29 우리 회사 구조는 정책을 만들 때 각 직원들에게 의견을 개진할 기회를 주려고 한다.
30 제조 회사들이 비용 효율적 생산 방식에 더 많은 자원을 쏟아 붓기 시작했다.

Check-up ◀

🎧 Listen and fill in the blanks with the correct words. ⊚ MP3

01 The _____ has guaranteed us that they will complete our order by Saturday.

02 We are looking to hire customer service representatives for three stores that are _____ understaffed.

03 Please ensure that you _____ a company cover letter to all outgoing faxes.

04 I almost forgot to _____ that our human resources director will be on vacation next week.

05 Analysts _____ demographic charts before making their recommendation to the board of directors.

06 We have been attempting to contact Mr. Hallow for three _____ days.

07 Mr. Riley is a _____ speech writer for some of the world's most powerful people.

08 An increase in fourth quarter _____ suggests that the stock market is beginning to improve.

09 In order for a sales associate to provide the best customer service, they must listen _____.

10 Our _____ with the union have been difficult, but we are making some progress.

---

01 제조 회사는 우리에게 토요일까지 주문을 완료할 것이라고 약속했다. 02 우리는 현재 인원이 부족한 상점 세 곳의 고객 서비스 담당자를 고용하기 위해 찾고 있다. 03 보내는 모든 팩스에 회사의 커버 레터를 첨부하는 것을 잊지 마십시오. 04 인사 관리 부장이 다음 주에 휴가를 갈 것이라는 것을 말하는 것을 잊을 뻔했다. 05 분석가들은 이사회에 권고안을 제출하기 전에 인구 통계 차트를 조사했다. 06 우리는 3일 연속 Hallow 씨에게 연락을 시도하고 있다. 07 Riley 씨는 세계에서 가장 영향력 있는 사람들을 위한 유능한 연설문 작성자이다. 08 4분기 수익의 증가는 주식 시장이 개선되기 시작했음을 알려준다. 09 판매 사원이 최고의 고객 서비스를 제공하려면 주의 깊게 경청해야 한다. 10 노조와의 협상은 어려웠지만 약간 진전을 보이고 있다.

Day 19

🔊 MP3

01 violation
[U.S.] [vàiəléiʃən]

n. 위반, 방해, 침입

It is a **violation** of company policy to be intoxicated during working hours.

 in violation of ~을 위반한

02 remote
[U.S.] [rimóut]

adj. 멀리 떨어진, 원격의

USP Delivery Services will allow businesses to send packages to even the most **remote** locations.

 remote from ~와 멀리 떨어진
remote control devices 원격 조정 장치

03 sharply
[U.S.] [ʃá:rpli]

adv. 날카롭게, 급격하게, 심하게

Gas prices rose **sharply** following news that a coastal oil rig had shut down operations.

 decline[fall, drop] sharply 급격히 감소[하락]하다
be sharply reduced 대폭 줄다

04 attend
[U.S.] [əténd]

v. 참석하다, 출석하다

Any employee hoping to **attend** Tony Harding's seminar must notify human resources by Friday morning.

 attend to + 사람 ~을 돌보다
attendance records 출석 기록

---

01 업무 시간에 술을 마시는 것은 회사 규정 위반이다.
02 USP 배송 서비스는 업체가 가장 멀리 떨어진 지역까지도 물건을 배송할 수 있도록 해줄 것이다.
03 휘발유 가격은 연안 석유 굴착 장치가 가동을 중단했다는 소식에 이어 급격히 상승했다.
04 Tony Harding의 세미나에 참석하기 원하는 모든 직원은 금요일 아침까지 인사과에 알려주어야 한다.

168

05 result

U.S. [rizʌ́lt]

n. 결과
v. (~의 결과가) 되다

The company was very impressed with the **results** from the upgraded production facility.

 기출 엿보기
as a result of ~의 결과로서
result in + 결과 ~로 끝나다

---

06 retail

U.S. [ríːteil]

n. 소매(상)
adj. 소매의, 소매상의

Working in the **retail** industry can be a challenge because customers can be very demanding.

 기출 엿보기
a retail store[outlet] 소매 상점[할인점]

---

07 frequently

U.S. [fríːkwəntli]

adv. 빈번하게, 자주

The university email system was **frequently** attacked by viruses and spam until it upgraded its firewall.

 기출 엿보기
as frequently as possible 가급적 자주 ~하다
frequently asked questions 빈출 질의 응답

---

08 merit

U.S. [mérit]

v. 공로로 얻다
n. 장점, 강점

Your outstanding contribution to the continued success of this organization **merits** high praise.

기출 엿보기
make a merit of ~을 자기 공로로 자랑하다

---

09 search

U.S. [səːrtʃ]
U.K. [səːtʃ]

n. 수색, 조사
v. 찾다, 수색하다

The personnel department has begun the **search** for a new import-export manager.

기출 엿보기
in search of ~을 찾아
find information with a search engine
검색 엔진으로 정보를 찾다

---

05 향상된 생산 설비로 인한 결과에 회사는 매우 감명을 받았다.
06 고객들이 매우 까다로울 수 있기 때문에 소매 업계에서 일하는 것은 어려운 일일 수 있다.
07 대학 이메일 시스템은 방화벽을 개선할 때까지 바이러스와 스팸에 자주 공격을 받았다.
08 이 기관의 계속된 성공에 대한 당신의 현저한 공헌은 높이 평가받을 만하다.
09 인사부는 새로운 수출입 담당 관리자를 찾기 시작했다.

10 stable

U.S. [stéibl]

adj. 안정적인

Questions remain about how **stable** our export of raw materials will be next quarter.

 sufficiently stable to pass inspection
검사를 통과할 만큼 충분히 안정성 있는

---

11 outline

U.S. [áutlàin]

v. 윤곽을 그리다,
개요를 작성하다
n. 윤곽, 개요

This meeting will **outline** our plans for immediate expansion into the Asian market.

 general outlines 대강의 개요
the terms outlined in this loan agreement
이 대출 계약서에 적힌 조건

---

12 notice

U.S. [nóutis]

n. 통지, 공고
v. 주의하다, 알아채다

A **notice** was posted in the lunchroom for anyone interested in playing on the company softball team.

 take notice 주목[주의]하다
until further notice 추후 공지가 있을 때까지
give one week's notice 일주일 전에 통보하다

---

13 step

U.S. [step]

n. 단계, 조치, 수단

Although the initial **steps** of building a company are difficult, the journey can be rewarding.

 take steps 조치를 취하다
step down from ~에서 사직하다, 은퇴하다

---

10 원자재 수출이 다음 분기에 얼마나 안정적일지에 대한 문제가 남아 있다.
11 이번 회의에서는 아시아 시장으로의 즉각적인 확장에 대한 우리 계획에 대해 간략히 소개할 것이다.
12 회사 소프트볼 팀에서 뛰고 싶은 사람을 위해 식당에 공지가 붙었다.
13 회사를 설립하는 초기 단계는 어렵지만 그 과정은 보상이 따른다.

14 respond
[U.S.] [rispánd]

v. 반응하다, 응답하다

Please email Susan and ask her to **respond** with all the information needed for the meeting.

 기출 엿보기

respond to ~에 응답하다
respond to a questionnaire 설문지를 작성하다

15 occur
[U.S.] [əkə́:r]

v. 일어나다, 발생하다

Please contact the technical support team if any problems **occur** with the new web server.

기출 엿보기

occur in ~에서 발생하다
occur to + 사람 ~에게 떠오르다

16 suggestion
[U.S.] [səɡdʒéstʃən]

n. 제안, 암시

BDR Inc. offers a place where clients can leave **suggestions** to make the company better.

 기출 엿보기

make a suggestion 제안하다
have a suggestion for ~에 대해 제안할 것이 있다

17 total
[U.S.] [tóutl]

n. 합계, 총액
adj. 전체의

The building's exterior renovation took a **total** of three weeks to complete.

기출 엿보기

in total 전체로서
a total of 전체로, 통틀어서

18 oppose
[U.S.] [əpóuz]

v. 반대하다

It's unlikely that the board of directors will **oppose** hiring Ms. Hanlock as director of personnel.

기출 엿보기

be opposed to ~에 반대하다
oppose the plan 계획에 반대하다

---

14 Susan에게 이메일을 보내서 회의에 필요한 모든 정보에 답변을 해달라고 요청하세요.
15 새로운 웹 서버에 어떠한 문제라도 발생한다면 기술 지원팀으로 연락주세요.
16 BDR 사는 회사를 더 좋게 만들기 위한 제안을 고객들이 남겨둘 수 있는 장소를 제공한다.
17 건물의 외부 보수는 완료되는 데 총 3주가 걸렸다.
18 이사회가 인사부 부장으로 Hanlock 씨를 고용하는 것에 반대할 것 같지 않다.

19 advertisement

U.S. [ædvərtáizmənt]
U.K. [ədvə́:tismənt]

n. 광고

An **advertisement** should effectively demonstrate the features and benefits of the product for sale.

기출 엿보기 place[put] an advertisement in ~에 광고를 내다

20 prefer

U.S. [prifə́:r]

v. 선호하다, 더 좋아하다

I would **prefer** to operate my own small business rather than work for a multinational corporation.

기출 엿보기 prefer A to[rather than] B B보다 A를 선호하다
prefer + 동명사[to+동사원형] ~하는 것을 선호하다

21 economy

U.S. [ikánəmi]

n. 경제, 절약

The Canadian **economy** is reliant upon exporting resources such as lumber and agricultural products.

기출 엿보기 strong[sluggish] economy 튼튼한[취약한] 경제
boost[stimulate] economy 경제를 활성화하다[경기를 부양시키다]

22 athletic

U.S. [æθlétik]

adj. 강건한, 운동의

We are lucky to have Julia on our company football team because she is very **athletic**.

기출 엿보기 athletic equipment 스포츠 장비
physical or athletic activity 신체 및 운동 활동

---

19 광고는 판매 상품의 특색과 이점을 효과적으로 보여주어야 한다.
20 나는 다국적 기업에서 일하기보다는 나만의 작은 사업을 경영하는 것을 더 선호한다.
21 캐나다 경제는 재목과 농산물 같은 수출 자원에 의지하고 있다.
22 Julia는 운동신경이 매우 좋기 때문에 우리 회사 축구 팀에 그녀가 속해 있다는 것이 우리로서는 행운이다.

23 questionnaire
[U.S.] [kwèstʃənέər]

n. 설문지, 조사표
v. 질문서를 보내다

The project will consist of compiling data from over 1,500 **questionnaires** completed by our customers.

 answer[complete, fill in, fill out] a questionnaire 설문지를 작성하다

24 forecast
[U.S.] [fɔ́:rkæst]
[U.K.] [fɔ́:ka:st]

n. (날씨의) 예보, 예상, 전망
v. 예상하다, 예보하다

Lower unemployment rates and higher revenues lead economists to believe that the economic **forecast** is improving.

 forecast that절 ~라고 예상하다, 전망하다
a weather forecast 기상 예보

25 accidentally
[U.S.] [æksədéntəli]

adv. 실수로, 우연히

Henry returned to his office because he **accidentally** left his flash drive beside the computer.

26 violate
[U.S.] [váiəlèit]

v. 위반하다, 방해하다

The director general was fired because he **violated** the terms of his employment.

 violate the speed limit 제한 속도를 위반하다

---

23 그 프로젝트는 고객들이 작성한 1500부 이상의 질문지에서 뽑아 편집한 데이터로 구성될 것이다.
24 실업률 하락과 수익 상승으로 인해 경제학자들은 경제 전망이 나아지고 있다고 믿는다.
25 Henry는 실수로 컴퓨터 옆에 플래시 드라이브를 놓고 나와 사무실로 되돌아갔다.
26 그 총재는 고용 계약을 위반했기 때문에 해고되었다.

27 motivation

[U.S.] [mòutəvéiʃən]

n. 동기, 자극

The company's **motivation** in switching manufacturers was an attempt to save more money.

---

28 superb

[U.S.] [supə́:rb]

adj. 최고의, 훌륭한

Wanda's Pie Shop was successful because of its **superb** customer service and delicious baked goods.

기출 엿보기 a superb performance 굉장한 연주

---

29 tidy

[U.S.] [táidi]

adj. 단정한, 말쑥한, 깔끔한

A sign on the kitchen door asks workers to keep the area **tidy** at all times.

기출 엿보기 tidy up 치우다, 단장하다

---

30 ingredient

[U.S.] [ingrí:diənt]

n. 구성 요소, 성분, (음식) 재료

A motivated sales team and strong management are important **ingredients** in any successful business.

기출 엿보기 provide ingredients for local restaurants 지역 식당에 음식 재료를 공급하다

---

27 회사가 제조 업체를 변경한 동기는 더 많은 비용 절감을 위한 시도였다.
28 Wanda's Pie 가게는 훌륭한 고객 서비스와 맛있는 제과류 때문에 성공했다.
29 주방 문에 달린 표지판에는 일하는 사람들에게 항상 구역을 깨끗이 해달라고 써 있다.
30 의욕적인 영업팀과 강력한 경영 기술은 모든 성공한 기업의 중요한 요소이다.

Check-up ◀

🎧 Listen and fill in the blanks with the correct words. 🎧MP3

01 USP Delivery Services will allow businesses to send packages to even the most _____ locations.

02 Any employee hoping to _____ Tony Harding's seminar must notify human resources by Friday morning.

03 Working in the _____ industry can be a challenge because customers can be very demanding.

04 The personnel department has begun the _____ for a new import-export manager.

05 A _____ was posted in the lunchroom for anyone interested in playing on the company softball team.

06 Wanda's Pie Shop was successful because of its _____ customer service and delicious baked goods.

07 BDR Inc. offers a place where clients can leave _____ to make the company better.

08 I would _____ to operate my own small business rather than work for a multinational corporation.

09 The Canadian _____ is reliant upon exporting resources such as lumber and agricultural products.

10 The project will consist of compiling data from over 1,500 _____ completed by our customers.

MP3

01 seating
[U.S] [síːtiŋ]

n. (집합적) 좌석, 좌석 배열

Please be sure to arrive at the conference early, because **seating** will be limited.

기출 엿보기

book a seat 좌석을 예약하다
take a seat 좌석에 앉다

02 responsibility
[U.S] [rispὰnsəbíləti]

n. 책임

It is the concierge's **responsibility** to ensure that hotel guests have a great first impression.

기출 엿보기

take a responsibility for ~에 대한 책임을 지다
have a responsibility to ~에 대한 책임[의무감]을 가지다
accept responsibility for ~에 대한 책임을 지다
environmental and social responsibility
환경적 그리고 사회적 책임

03 simply
[U.S] [símpli]

adv. 간단히 말해서

Simply put, the company needs to reform its image in order to sell more products.

04 minimize
[U.S] [mínəmàiz]

v. 최소[최저]로 하다

I have devised a new way to **minimize** expenses while continuing to maximize manufacturing productivity.

---

01 좌석이 제한되어 있으므로 일찍 회의장에 도착하도록 하십시오.
02 호텔 고객들이 좋은 첫인상을 받도록 하는 것은 접수계의 책임이다.
03 간단히 말해서 회사는 더 많은 상품을 팔기 위해 이미지를 개선할 필요가 있다.
04 나는 제조 생산성을 계속 최대화하는 반면 비용은 최소화하는 새로운 방식을 고안해냈다.

05 **sign**
[U.S] [sain]

n. 부호, 신호, 표시
v. 서명하다

The office building on Bayside Avenue is displaying a "For Lease" **sign** in its window.

 기출 엿보기
sign up for ~에 등록하다, 참가하다
flash a sign 신호를 보내다

---

06 **skilled**
[U.S] [skild]

adj. 숙련된

Skilled workers such as carpenters, plumbers, and electricians are more valuable than some people realize.

 기출 엿보기
produce diversely skilled employees
다방면으로 숙련된 직원들을 양산하다

---

07 **fairly**
[U.S] [féərli]

adv. 상당히, 공평하게

The loan officer is **fairly** confident that Mr. Smith's business model is viable.

 기출 엿보기
It is fairly common for ~은 상당히 흔하다
an employee who was unfairly dismissed
부당하게 해고된 직원

---

08 **monitor**
[U.S] [mánitər]

v. 감시하다, 관리하다
n. 모니터

Newly hired staff members are **monitored** very closely during their three month probationary period.

 기출 엿보기
monitor closely 면밀히 감시하다

---

09 **stopover**
[U.S] [stápòuvər]

n. 단기 체류(지), 도중 하차

Unfortunately, my flight from England to South Korea will have a three-hour **stopover** in Munich.

---

05 Bayside Avenue에 있는 사무실 건물 창문에 '임대'라는 푯말이 걸려 있다.
06 목수, 배관공, 그리고 전기 기술자와 같은 숙련된 근로자들은 일부 사람들이 인식하는 것보다 훨씬 더 가치 있다.
07 대출 담당자는 Smith 씨의 사업 모델이 실행 가능하다고 상당히 자신한다.
08 새로 고용된 직원들은 3개월의 수습 기간 동안 매우 면밀하게 평가받을 것이다.
09 불행히도 내가 탈 영국발 한국행 비행기가 뮌헨에서 3시간 단기 체류할 것이다.

10 **ideal**

U.S. [aidíːəl]

adj. 이상적인
n. 이상

Stoney Creek Country Club seems like the **ideal** place to hold our company golf tournament.

기출 엿보기
be ideal for ~에 이상적이다
ideal venue[place] 이상적인 개최지[장소]

---

11 **overprice**

U.S. [òuvərpráis]

v. 비싼 값을 매기다

The new line of Desert Dog sneakers has sold poorly because they are extraordinarily **overpriced**.

---

12 **locate**

U.S. [loukéit]

v. (위치를) 정하다

The personnel department is **located** on the fourth floor of the office building.

be located at[in, on] ~에 위치하다
located near the airport 공항 근처에 위치한

---

13 **supply**

U.S. [səplái]

n. 공급, (pl.) 비품
v. 공급하다, 제공하다

Understanding the basic concepts of **supply** and demand is an important step for aspiring economists.

supply A with B A에게 B를 공급하다
office supplies 사무 비품

---

10 Stoney Creek Country Club은 우리 회사의 골프 토너먼트를 개최하기에 이상적인 장소인 것 같다.
11 Desert Dog의 신제품 스니커즈는 가격이 너무 비싸서 판매가 저조했다.
12 인사부는 사무실 건물의 4층에 위치해 있다.
13 공급과 수요의 기본 개념을 이해하는 것은 야심찬 경제학자가 되기 위한 중요한 단계이다.

14 **overall**

[U.S.] [óuvərɔ̀:l]

adj. 전부의, 전체의
adv. 전반적으로

The **overall** cost of replacing the outdated equipment at our manufacturing plant will be $16,300.

 기출 엿보기
overall condition 전반적인 상태
an overall decline in tourism 총체적인 관광 산업의 쇠퇴

15 **reject**

[U.S.] [ridʒékt]

v. 거절하다, 거부하다

Applications are often **rejected** if an employer notices spelling and grammatical errors on the form.

기출 엿보기
reject a job offer 일자리 제안을 거절하다

16 **operate**

[U.S.] [ápərèit]

v. 작동하다, 움직이다

All warehouse staff must have the proper certification to **operate** heavy machinery.

 기출 엿보기
operate a sewing machine 재봉틀을 다루다
operating budget 운영 예산
operating manual 운영 매뉴얼

17 **landscape**

[U.S.] [lǽndskèip]

n. 전망, 조경, 풍경

The economic **landscape** for many countries has changed since the market crashed last year.

기출 엿보기
landscape consultant 조경 상담가

---

14 제조 공장의 낡은 장비를 교체하는 전체 비용은 16,300달러가 될 것이다.
15 고용주가 지원 양식에서 철자와 문법 오류를 발견하면 지원서는 종종 거부된다.
16 우리 창고의 전 직원들은 중장비 운영에 적합한 자격증을 소지해야 한다.
17 많은 나라들의 경제 전망은 작년에 시장이 추락한 이후로 변화했다.

18 prepare
U.S. [pripέər]

v. 준비하다, 각오하다

Michael has **prepared** a report detailing the pros and cons of expansion into South America.

 기출 엿보기
prepare A for B A를 B를 위해 준비하다
prepare to + 동사원형 ~할 준비를 하다

19 equipment
U.S. [ikwípmənt]

n. 장비, 설비, 비품

Pharmaceutical laboratories are equipped with some of the most state-of-the-art **equipment**.

기출 엿보기
office equipment 사무 비품
heating equipment 난방 기구

20 remarkable
U.S. [rimά:rkəbəl]

adj. 놀랄 만한, 뛰어난

Mr. Hibbard's meteoric rise in the advertising industry is a **remarkable** and compelling story.

 기출 엿보기
remarkable views 멋진 전경
a remarkable new product 놀랄 만한 새 상품

21 identification
U.S. [aidèntəfikéiʃən]

n. 신원 확인, 동일함

All new employees must report to the personnel department to receive their **identification** badges.

기출 엿보기
identification badge 신분증
two forms of identification 신분 확인의 두 가지 양식

---

18 Michael은 남미 진출의 장단점을 설명하는 보고서를 준비했다.
19 약학 연구소들은 몇몇 최신 장비를 갖추고 있다.
20 광고 산업에서의 Hibbard의 눈부신 도약은 놀랄 만하며 흥미로운 이야기이다.
21 모든 신입 사원들은 사원 명찰을 받으려면 인사부에 보고해야 한다.

22 strategic
U.S. [strətíːdʒik]

adj. 전략적인

The board is developing a **strategic** plan to make the company more attractive to potential buyers.

 기출 엿보기 strategic location 전략적 위치
provide strategic solutions 전략적인 해결책을 제공하다

23 uncover
U.S. [ʌnkʌ́vər]

v. 발견하다, 폭로하다

The archeologist was lucky to **uncover** hidden treasure in the ancient pyramid of an Egyptian king.

24 insight
U.S. [ínsàit]

n. 식견, 통찰력

Michael's report should provide important **insight** on how we can improve efficiency at the warehouse.

 기출 엿보기 insight into ~에 대한 통찰력
get insight into ~을 꿰뚫어 보다, 통찰하다

25 generally
U.S. [dʒénərəli]

adv. 일반적으로, 보통

Generally speaking, a lot of work needs to be done to improve the way this company operates.

기출 엿보기 generally speaking 일반적으로 말하여
generally adhere to established procedures
확립된 절차를 일반적으로 고수하다

26 volunteer
U.S. [váləntíər]

v. 자원하다
n. 지원자, 자원 봉사자

Our company encourages its employees to **volunteer** at various charitable events throughout the year.

 기출 엿보기 volunteer with ~에 자원하다
volunteer for ~을 자원하다

---

22 이사회는 회사를 잠재적 구매자들에게 더 매력적으로 보이기 위한 전략적 계획을 마련하고 있다.
23 그 고고학자는 이집트 왕의 고대 피라미드에 묻힌 보물을 발견하는 행운을 안았다.
24 Michael의 보고서는 창고에서 효율성을 향상시킬 수 있는 방법에 대한 중요한 통찰력을 제공할 것이다.
25 일반적으로 말해서 이 회사의 운영 방식을 향상시키기 위해 많은 일이 행해져야 한다.
26 우리 회사는 직원들이 연중 내내 다양한 자선 행사에 지발적으로 참여하기를 장려한다.

27 **material**

U.S. [mətíəriəl]

n. 재료, 물질

The manufacturing plant has sent us a list of **materials** which must be ordered immediately.

 raw material 원자재
intermediate material 반자재

28 **official**

U.S. [əfíʃəl]

n. 간부, 공무원
adj. 공식적인

Banking **officials** at DRB will be investigating an alleged fraud scheme involving several bank employees.

 on official business 공적인 업무로
official arrangement 공식적인 합의

29 **protective**

U.S. [prətéktiv]

adj. 보호하는

All of our engineers wear **protective** suits and goggles when they perform hazardous work.

 protective gear[equipment] 보호 장비
protective clothing 방호복

30 **prevent**

U.S. [privént]

v. 예방하다, 방해하다

By installing software designed to protect the identity of clients, businesses can help **prevent** identity theft.

 prevent A from + (동)명사 A가 ~하는 것을 막다, 방지하다

---

27 제조 공장은 즉시 주문해야 하는 재료 목록을 우리에게 보내주었다.
28 DRB의 은행 간부들은 여러 명의 은행 직원들이 연루되었다고 의심되는 사기 사건을 조사할 것이다.
29 우리 엔지니어들은 모두 위험한 작업을 할 때 안전복과 보호 안경을 착용한다.
30 고객의 개인 정보를 보호하기 위해 고안된 소프트웨어를 설치함으로써 기업들은 개인 정보 도용을 막는 데 도움을 줄 수 있다.

Check-up

🎧 Listen and fill in the blanks with the correct words. 🔘MP3

01 Please be sure to arrive at the conference early because _____ will be limited.

02 The loan officer is _____ confident that Mr. Smith's business model is viable.

03 Unfortunately, my flight from England to South Korea will have a three hour _____ in Munich.

04 The new line of Desert Dog sneakers has sold poorly because they are extraordinarily _____.

05 Applications are often _____ if an employer notices spelling and grammatical errors on the form.

06 Pharmaceutical laboratories are equipped with some of the most state-of-the-art _____.

07 All new employees must report to the personnel department to receive their _____ badges.

08 The board is developing a _____ plan to make the company more attractive to potential buyers.

09 Michael's report should provide important _____ on how we can improve efficiency at the warehouse.

10 Banking _____ at DRB will be investigating an alleged fraud scheme involving several bank employees.

01 좌석이 제한되어 있으므로 일찍 회의장에 도착하도록 하십시오. 02 대출 담당자는 Smith 씨의 사업 모델이 실행 가능하다고 상당히 자신한다. 03 불행히도 내가 탈 영국발 한국행 비행기가 뮌헨에서 3시간 단기 체류할 것이다. 04 Desert Dog 사의 신제품 스니커즈는 가격이 너무 비싸서 판매가 저조했다. 05 고용주가 지원 양식에서 철자와 문법 오류를 발견하면 지원서는 종종 거부된다. 06 약학 연구소들은 몇몇 최신 장비를 갖추고 있다. 07 모든 신입 사원들은 사원 명찰을 받으려면 인사부에 보고해야 한다. 08 이사회는 회사를 잠재적 구매자들에게 더 매력적으로 보이기 위한 전략적 계획을 마련하고 있다. 09 Michael의 보고서는 창고에서 효율성을 향상시킬 수 있는 방법에 대한 중요한 통찰력을 제공할 것이다. 10 DRB의 은행 간부들은 여러 명의 은행 직원들이 연루되었다고 의심되는 사기 사건을 조사할 것이다.

Review Test

Choose the best answer and complete the sentence.

01 The Alchemist, a worldwide bestseller from Brazilian writer Paul Coelho, is a big-budget _____ starring Laurence Mitchell.

(A) regulation   (B) appreciation   (C) adoption   (D) adaptation

02 A school in Sydney is reporting more than 10 per cent of its students are off sick with flu-like _____.

(A) advantages   (B) earnings   (C) symptoms   (D) insights

03 Police are investigating a report of vandalism and the loss of thousands of dollars worth of computer _____.

(A) workforce   (B) strategy   (C) equipment   (D) security

04 Quebec City's historic Château Frontenac is still a towering tourist _____ after 100 years in business.

(A) scenery   (B) characteristic   (C) renovation   (D) attraction

05 The UK's _____ system is set to get a massive overhaul worth 800 pounds, Stéphane Carrol said Saturday.

(A) immigration   (B) negotiation   (C) motivation   (D) identification

06 At the moment, our business must rely on a product made with primarily manufactured _____.

(A) steps   (B) ingredients   (C) forecasts   (D) advertisements

07 The city of Cleveland is looking into extra fees to stop businesses from sending recyclable _____ to city dumps.

(A) purposes   (B) materials   (C) results   (D) signs

08 Some workers have been laid off to make the company's _____ business units more attractive to potential buyers.

(A) reflective   (B) vague   (C) urgent   (D) various

---

01 브라질 작가인 Paul Coelho의 세계적인 베스트 셀러인 연금술사는 엄청난 예산을 들여 각색한 Laurence Mitchell 주연의 영화로 탄생한다. 02 시드니의 한 학교는 학생들의 10% 이상이 플루와 비슷한 증상들로 결석했다고 보고하고 있다. 03 경찰은 공공 시설물 파괴 행위와 수천 달러 어치의 컴퓨터 장비 손실이 보고되어 조사 중이다. 04 퀘벡 시의 유서 깊은 Château Frontenac는 100년간 운영된 후에도 여전히 훌륭한 관광 명소이다. 05 영국의 이민 체계는 8백 파운드에 달하는 대규모 점검을 준비 중이라고 Stéphane Carrol이 토요일 말했다. 06 현재 우리 사업은 주로 가공된 재료로 만들어진 상품에 의존해야 한다. 07 Cleveland 시는 기업들이 재활용 가능한 물질을 시립 쓰레기장으로 보내는 것을 막기 위해 추가 비용을 조사하고 있다. 08 회사의 다양한 사업 부분을 잠재적 구매자들에게 더욱 매력적으로 보이기 하기 위해 일부 근로자들이 일시 해고 되었다.

09 If you want a device that's _____ at taking pictures and delivering them instantaneously, the DX4000 is for you!

(A) superb   (B) retail   (C) specific   (D) total

10 _____ speaking, lenders will allow you to call up and say you want to double up your payments for a certain period.

(A) Originally   (B) Surely   (C) Generally   (D) Simply

11 They _____ exist as volunteers from all walks of life linking to one or more service agencies.

(A) presently   (B) frequently   (C) sharply   (D) fairly

12 U.S. officials are meeting and will _____ rules for resuming imports of older Canadian cows.

(A) respond   (B) attend   (C) outline   (D) reject

13 As tough as it is, don't _____ your exercise program over the holidays—get out and exercise.

(A) manage   (B) neglect   (C) mention   (D) notice

14 Chinese farmers' crops are expected to rebound _____ after a poor 2008 growing season.

(A) environmentally   (B) cooperatively   (C) accidently   (D) strongly

15 Technology companies must _____ prices this year to appeal to consumers, says David Newsom, managing editor of DigitalLife.com.

(A) lower   (B) focus   (C) limit   (D) judge

16 A pandemic can _____ at any time, with the potential to cause serious illness and death throughout the world.

(A) obtain   (B) occur   (C) occupy   (D) oppose

09 사진을 찍고 바로 전송하는 데 탁월한 장비를 원하신다면 DX4000이 바로 그것입니다! 10 일반적으로 말해서 대여자들에게 전화해서 일정 기간 지불 대금을 두 배로 올리고 싶다고 말하면 그들은 허용해준다. 11 그들은 현재 하나 이상의 서비스 에이전시와 연결된 다양한 계층의 자원봉사자들로 존재한다. 12 미국 관리들은 모임을 가지고 나이 든 캐나다산 소의 수입을 재개하는 규정의 윤곽을 잡을 것이다. 13 힘들겠지만 휴가 기간 동안 운동 프로그램을 소홀히 하지 말고 나가서 운동하십시오. 14 중국 농부들의 농작물은 흉작이었던 2008년 이후 강하게 되살아날 것으로 예상된다. 15 DigitalLife.com의 편집장인 David Newsom은 기술 분야 회사들이 소비자들에게 어필하기 위해서는 올해 가격을 더 낮춰야 한다고 말한다. 16 전염병은 전 세계적으로 심각한 질병과 사망을 야기할 수 있는 잠재성이 있으며 언제라도 발생할 수 있다.

Answers

Day 01

01 favorably
02 address
03 capacity
04 confirm
05 complimentary
06 delegation
07 enclosed
08 failure
09 due
10 refund

Day 02

01 applicant
02 assign
03 charge
04 installed
05 considerable
06 attain
07 highly
08 experienced
09 incidental
10 bankrupt

Day 03

01 expired
02 affect
03 consistently
04 capable
05 elevate
06 fulfill
07 effect
08 principal
09 simplified
10 Opposition

Day 04

01 conveniently
02 competitive
03 currently
04 demanding
05 enables

06 incorrect
07 launch
08 revealed
09 normal
10 measures

Day 05

01 comprehensive
02 disclose
03 informed
04 less
05 involve
06 massive
07 involved
08 phase
09 qualified
10 transferred

Day 06

01 related
02 easily
03 temporary
04 formally
05 accept
06 cancel
07 familiar
08 enhanced
09 finalize
10 balance

Day 07

01 retirement
02 approximately
03 shift
04 account
05 attention
06 largely
07 favorable
08 access
09 ban
10 control

Day 08

01 exclusively
02 shipments

03 increasingly
04 completed
05 applications
06 efficient
07 commitment
08 extension
09 administered
10 notify

Day 09

01 slowdown
02 described
03 constantly
04 aspects
05 eligible
06 maintenance
07 exceed
08 intend
09 operational
10 emphasis

Day 10

01 authentic
02 accordance
03 approved
04 contracted
05 directly
06 burden
07 Construction
08 accessible
09 comparable
10 deposit

Day 11

01 consumers
02 accustomed
03 analyze
04 contain
05 options
06 flexible
07 contribute
08 receipt
09 emphasize
10 value

Day 12

01 refuse
02 factors
03 matter
04 consistent
05 appointed
06 worsen
07 following
08 rates
09 mounting
10 realistic

Day 13

01 currency
02 reminds
03 continuous
04 admit
05 appreciate
06 relatively
07 pension
08 innovative
09 improve
10 reasonable

Day 14

01 fund
02 courteous
03 repeatedly
04 fascinating
05 overview
06 honored
07 personnel
08 impressive
09 workplace
10 remainder

Day 15

01 ownership
02 separately
03 domestic
04 productivity
05 financial
06 consider
07 internal
08 persistent

09 possible
10 professional

Day 16

01 promotion
02 originally
03 proposal
04 renovation
05 vague
06 manage
07 wholesale
08 adaptation
09 appreciation
10 inspector

Day 17

01 appear
02 Management
03 workforce
04 urgent
05 regulations
06 obtained
07 symptoms
08 attraction
09 cooperatively
10 labor

Day 18

01 manufacturer
02 presently
03 attach
04 mention
05 researched
06 successive
07 talented
08 earnings
09 attentively
10 negotiations

Day 19

01 remote
02 attend
03 retail
04 search
05 notice

06 superb
07 suggestions
08 prefer
09 economy
10 questionnaires

Day 20

01 seating
02 fairly
03 stopover
04 overpriced
05 rejected
06 equipment
07 identification
08 strategic
09 insight
10 officials

▶ Review Test

Week 1

01 (D)	02 (C)	03 (B)	04 (B)
05 (D)	06 (C)	07 (A)	08 (D)
09 (B)	10 (B)	11 (C)	12 (D)
13 (A)	14 (C)	15 (C)	16 (B)

Week 2

01 (B)	02 (C)	03 (A)	04 (C)
05 (D)	06 (B)	07 (B)	08 (A)
09 (D)	10 (C)	11 (B)	12 (C)
13 (A)	14 (B)	15 (C)	16 (D)

Week 3

01 (C)	02 (A)	03 (B)	04 (C)
05 (D)	06 (C)	07 (C)	08 (B)
09 (B)	10 (D)	11 (A)	12 (D)
13 (C)	14 (A)	15 (B)	16 (C)

Week 4

01 (D)	02 (C)	03 (C)	04 (D)
05 (A)	06 (B)	07 (B)	08 (D)
09 (A)	10 (C)	11 (A)	12 (C)
13 (B)	14 (D)	15 (A)	16 (B)

토익 보카 공부하는 방법

토익 700+ 필수보카

Appendix

짝지어 다니는 중요 빈출 어휘 300선

770

880

990

TOEIC 시험에는 늘 짝을 지어 다니는 〈명사 + 명사〉, 〈형용사 + 명사〉가 있다. 지난 10년간 TOEIC 시험에 출제된 〈명사 + 명사〉와 〈형용사 + 명사〉 표현 중 자주 출제되는 것들만 뽑아 만든 리스트이다. 시험 전 암기하여 100점을 가뿐히 UP 시키자!

중요 기출 표현 〈명사 + 명사〉 200선

1 **account number** 계좌 번호

2 **accounting department** 회계부서

3 **advance reservation** 사전 예약

4 **advertising campaign** 광고 캠페인

5 **advertising strategy** 광고 전략

6 **apartment complex** 아파트 단지

7 **attendance figures** 참석자 수

8 **attendance records** 출근 기록

9 **auto cutting machine** 자동 절단기

10 **awards ceremony** 시상식

11 **baggage allowance** 수화물 중량 제한

12 **baggage claim** (공항의) 수화물 찾는 곳

13 **bank account** 은행 예금 계좌

14 **bedroom community** 주택 지역

15 **blood pressure** 혈압

16 **board meeting** 이사회(회의)

17 **boarding pass** 탑승권

18 **bonus payment** 특별 수당

19 **branch office** 지점, 지사

20 **budget report** 예산 보고서

21 **building code** 건축 규약, 건축법

22 **building expansion** 건물 확장

23 **building material** 건축 자재

24 **building project** 건축 사업

25 **building site** 건축 부지

26 **business colleague** 사업 동료

27 **business contacts** 사업 거래처

28 **business district[area]** 상업 지구

29 **business function** 사업상 행사, 연회

30 **business loan** 사업 대출

31 **business management** 경영학, 경영

32 **business practice** 사업 관행

33 **business sector** 사업 부문

34 **business terms** 비즈니스 용어

35 **business trip** 출장

36 **carry-on luggage** 기내 휴대 수하물

37 **checking account** 당좌 예금 계좌

38 **city planning** 도시 계획

39 **cleaning solution** 세제 용액

40 **closing day** 마감일

41 **closing remarks** 폐회사

42 **coal mining** 석탄 채굴, 탄광업

43 **college degree** 대학 학위

44 **communication skills** 의사소통 능력

45 **communications manager** 통신 책임자

46 **community leader** 지역 대표

47 **community organization** 지역 기관

48 **company housing** 사택

49 convenience goods 일용품

50 convenience store 편의점

51 currency conversion rate 환율

52 currency exchange 환전

53 currency market 통화 시장

54 customer care department 고객 관리부

55 customer needs 고객 요구사항

56 confidentiality policy 보안 정책

57 customer service center
고객 서비스 센터

58 customer service representative
고객 서비스 담당 직원

59 customer[client] satisfaction 고객 만족

60 customs clearance 통관 수속

61 department manager 부서장, 팀장

62 dining supplies 주방용품

63 discount ticket 할인 티켓, 할인권

64 down payment 계약금

65 dress code 복장 규범

66 earning power 수익성

67 earnings growth 수입 증대

68 employee participation 직원 참여

69 electronics division 전자제품 부서

70 electronics firm 전자제품 회사

71 emergency exit 비상문

72 emergency number 비상 연락처

73 employee/staff productivity 직원 생산성

74 entry form 입회 원서

75 environment policy 환경 정책

76 exchange rate 환율

77 express air mail 특급 항공 우편

78 eye examination 시력 검사

79 file tray 서류철

80 fire extinguisher 소화기

81 fitness activities 운동

82 fuel economy 연료 절약

83 flow chart 작업 공정도

84 focus group 표본 집단

85 food poisoning 식중독

86 food supplies 식량 보급품

87 government spending 정부 지출

88 generation gap 세대 차이

89 gift certificate 상품권

90 government agency 정부 기관

91 handling system 설비, 처리 시스템

92 head office 본사(=headquarters)

93 health benefits 의료 보장 혜택

94 health care policy 건강보험 정책

95 heating equipment 난방 장치

96 household utility
가정에서 쓰는 전기, 가스, 수도

97 housing expense 주택비

98 housing industry 주택 산업

99 housing reform 주택 공급 개혁

100 housing shortage 주택난

101 human resources department 인사부

102 identification card 신분증

103 income statement 수입 내역서

104 insurance coverage 보험 보상 범위

105 insurance policy 보험 증권

106 insurance premium 보험료

107 **interest rate** 이율

108 **investment advice** 투자 조언

109 **investment analyst** 투자 분석가

110 **investment portfolio** 투자 자산 목록

111 **job application** 입사 지원

112 **job description** 업무 내용

113 **job interview** 구직 면접

114 **job opening** 결원, 공석, 일자리

115 **job performance** 직무 수행

116 **keynote speaker** 기조 연설자

117 **lamp post** 가로등

118 **landing card** 입국 신고서

119 **laundry detergent** 세제

120 **lifetime employment** 종신 고용

121 **long-range plan** 장기 계획

122 **long-term employment** 장기 고용

123 **luggage allowance** 수화물 허용량

124 **mail carrier** 우편 배달원

125 **market survey** 시장 조사

126 **market value** 시가, 시세

127 **marketing strategy** 시장 전략

128 **marketing tool** 마케팅 수단

129 **marriage status** 결혼 여부(=marital status)

130 **media coverage** 언론 보도

131 **membership renewal** 회원 자격 갱신

132 **money order** 송금 수표, 우편환

133 **non-profit group** 비영리 단체

134 **office efficiency** 사무실 효율성

135 **office equipment** 사무용품

136 **opening remarks** 개회사

137 **operation manual** 작동 안내서

138 **order form** 주문서

139 **out-of-court settlement** 법정 밖에서의 분쟁 해결

140 **outside provider** 외부 공급자

141 **overtime allowance** 초과 근무 수당

142 **package slip** 우편물 도착 통지서

143 **paper jam** (복사기의) 종이 걸림

144 **paper recycling** 종이 재활용

145 **parking facilities** 주차 시설, 주차장

146 **parking permit** 주차 허가증

147 **parts shortage** 부품 부족

148 **pay increase** 임금 인상

149 **cast study** 사례 연구

150 **personnel department** 인사부

151 **pink slip** 해고 통지서

152 **profit expectations** 수익 예상치

153 **power cable** 전력 케이블

154 **power failure[outage]** 정전(停電)

155 **prescription drug** 처방약, 조제약

156 **project management** 프로젝트 관리

157 **promotion show** 승진 행사

158 **publicity campaign** 광고 캠페인

159 **quality assurance** 품질 보증

160 **quality service** 고급 서비스

161 **quality standards** 품질 기준

162 **question-and-answer session** 질의 응답 시간

163 **reception party** 환영회

164 **reference number** 조회 번호

165 **reference letter** 추천서

166 **registration form** 등록 양식

167 **research and development department** 연구 개발부

168 **research laboratory** 연구실

169 **retirement party** 은퇴식

170 **return policy** 반품 제도

171 **room rate** 객실 이용료

172 **round-trip ticket** 왕복 티켓

173 **safety equipment** 안전 장비

174 **safety standards** 안전 기준

175 **salary history** 급여 내역

176 **savings account** 저축 예금 계좌

177 **search function** 검색 기능

178 **security card** 보안 카드

179 **security gate** 보안 출입구

180 **service charge** 서비스 수수료

181 **service depot** 서비스 센터

182 **shareholders meeting** 주주 총회

183 **shipping charges** 운송 비용

184 **sick leave** 병가

185 **side effects** 부작용, 부차적인 영향

186 **sightseeing tour** 관광 여행

187 **sports complex** 경기장, 운동장

188 **supply cabinet** 비품 캐비닛

189 **tax law** 세법

190 **tax report** 세금 보고서, 세금 신고서

191 **technology department** 기술 부서

192 **temperature data** 기온 데이터

193 **time constraint** 시간 제한

194 **toll collection** 통행료 징수

195 **time constraints** 시간 제한

196 **training course** 교육 과정

197 **travel itinerary** 여행 스케줄, 여행 일정

198 **waiting list** 대기자 명단

199 **wind power** 풍력

200 **work force** 전종업원 , 노동력

중요 기출 표현 〈형용사 + 명사〉 100선

1 **a full refund** 전액 환불

2 **a lasting impression** 오래 가는 인상

3 **a powerful engine** 강력한 엔진

4 **a quarterly report** 1분기 보고서

5 **a reduced price** 할인가

6 **added benefits** 부가적인 이점

7 **additional fee** 부가 요금

8 **administrative task** 행정적 업무

9 **adverse effect** 부작용

10 **affordable housing** 저렴한 주택

11 **cost effective** 비용 효율이 높은

12 **continental breakfast** (빵과 커피로 된 가벼운) 아침 식사

13 **current event** 시사

14 **daily chore** 허드렛일

15 **daily output** 일일 생산량

16 **damaged luggage** 손상된 짐

17 **discounted rate** 할인율

18 **double occupancy** 2인실 사용

19 **due date** 만기일

20 **economic growth** 경제 성장

21 **electrical appliance** 전기제품 (가전 제품)

22 **electrical power outage** 정전

23 **electronic goods** 전자제품

24 **environmental preservation** 환경 보존

25 **environmental problem** 환경 문제

26 **existing equipment** 기존 장비

27 **extra charge** 부대 비용

28 **financial health** 재정적 안정

29 **financial history** 신용 거래 실적

30 **financial incentives** 금전적 혜택

31 **fine print** (계약서 등의) 작은 글씨

32 **finished product** 완제품

33 **first aid** 응급 치료(처치)

34 **fiscal year** 회계 연도

35 **fixed price** 정가, 공정(협정) 가격

36 **free admission** 무료 입장

37 **general population** 일반 대중

38 **grand opening** 개점

39 **guided tour** 안내원이 딸린 (관광)여행

40 **high attendance rate** 높은 참가율

41 **heavy traffic** 교통 체증

42 **incoming call** 외부로부터의 전화

43 **independent agency** 독립 기관

44 **intellectual property rights** 지적재산권

45 **internal communications** 사내 통신

46 **leading manufacturer** 선두 제조업체

47 **limited capacity** 제한된 수용 능력

48 **limited edition** 한정판

49 **loading dock** 하역장

50 **local call** 시내 전화

51 **loyal customer** 단골

52 **major carrier** 주요 항공사

53 **major traffic delay** 심각한 교통 체증

54 **mass production** 대량 생산

55 **medical insurance** 의료 보험

56 **missing luggage** 분실물

57 **monthly quota** 월간 할당량

58 **monthly statement** 월간 명세서

59 **mounting pressure** 가중되는 압력

60 **mounting tension** 늘어가는 긴장

61 **national holiday** 국경일

62 **natural resources** 천연 자원

63 **new arrival** 신상품

64 **normal[regular] operating[working] hours** 정상 영업(운영) 시간

65 **online order** 인터넷 주문

66 **operating expenses** 운영비

67 **organic produce** 유기농 농산물

68 **outgoing mail** 발송 메일

69 **overhead expenses** 경상 비용

70 **personal effects** 개인 소지품

71 **personal information** 개인 정보

72 **physical examination** 신체검사

73 **printed agenda** 인쇄된 회의 의제

74 **public opinion** 여론

75 **public reaction** 대중의 반응

76 **qualified applicants** 뛰어난 지원자들

77 **rapid rate/ increase/ decline/growth** 빠른 속도/ 증가/ 감소/ 성장

78 **raw material** 원자재

79 **rear seat** 뒷좌석

80 **recreational activity** 오락 활동

81 **recycled paper** 재생지

82 **regional allowance** 특별 근무지 수당

83 **related field** 관련 분야

84 **running time** 상영 시간

85 **scheduled date of departure**
출발 예정일

86 **secondary effects** 부차적인 효과

87 **serial number** 일련 번호

88 **sick leave** 병가

89 **simple interest** 단리(원금에만 붙이는 이자)

90 **slight chance** 희박한 가능성

91 **starting salary** 초봉

92 **strategic location** 전략적 위치

93 **total charge** 총 청구액

94 **updated manual** 최신 개정판 매뉴얼

95 **valued customer** 귀중한 고객

96 **welcoming remark** 환영사

97 **written authorization** 서면 결재

98 **written consent** 서면 동의

99 **written offer** 서면 제의

100 **public relation** 광고, 홍보